技工院校公共基础课程劳动教育教材

LAODONG CHUANGZAO
MEIHAO SHENGHUO

# 劳动创造 美好生活

（第二版）

主　编　檀传宝
副主编　杨　琼
参　编　欧阳广敏　张姜坤　叶雅萱
曾　妮　陆　艳

中国劳动社会保障出版社

**图书在版编目（CIP）数据**

劳动创造美好生活 / 檀传宝主编．--2 版．-- 北京：中国劳动社会保障出版社，2025．--（技工院校公共基础课程劳动教育教材）．-- ISBN 978-7-5167-6443-5

Ⅰ．G40-015

中国国家版本馆 CIP 数据核字第 2025FK3005 号

**中国劳动社会保障出版社出版发行**

（北京市惠新东街 1 号　邮政编码：100029）

*

北京市白帆印务有限公司印刷装订　　新华书店经销

787 毫米 ×1092 毫米　16 开本　10.25 印张　176 千字

2025 年 10 月第 2 版　　2025 年 10 月第 1 次印刷

**定价：25.00 元**

营销中心电话：400-606-6496

出版社网址：https://www.class.com.cn

https://jg.class.com.cn

# 序言

PREFACE

## 新的时代　我们为什么还需要劳动教育

今天的中国，我们已经生活在一个前所未有的物质丰裕的全新时代。

在这个全新的时代，人们已经无须像过去那样“面朝黄土背朝天”、从土地里辛苦“刨食”，智能化农业就可以让你大快朵颐。在这个全新的时代，即便你暂时没有找到合适的工作，越来越完善的社会保障制度也会让你衣食无忧……

今天，在一个许多辛苦的劳作都可以由各种机器人所代劳的时代，人们必须严肃追问的一个大哉问一定是：劳动对于人类生活还有意义吗？

仔细探究，我们就不难发现：就像劳动创造人本身、劳动创造历史一样，今天生活的所有“安逸”，当然都是拜人类辛勤、诚实、创造性的劳动所赐。毫无疑问，没有科技工作者的劳动，就没有智能化的生产；没有物流系统的运作，通过手机实现的“指尖上的生活”就不可能成为现实。可以说，我们喝过的每一滴矿泉水，我们吃过的每一盒快餐，我们看过的每一场电影，我们生活中的每一个美好瞬间，背后都是无数不同类型的劳动。所以，时代只是改变了劳动曾经的模样，而“劳动创造美好生活”的真理却从未改变。

2018 年 9 月 10 日，中共中央总书记、国家主席、中央军委主席习近平在全国教育大会上强调“要在学生中弘扬劳动精神，教育引导学生崇尚劳动、尊重劳动，懂得劳动最光荣、劳动最崇高、劳动最伟大、劳动最美丽的道理，长大后能够辛勤劳动、诚实劳动、创造性劳动”。这无疑是国家领导人立足新时代，对于共和国年轻一代最重要的召唤。

人类的历史，从某种意义上来说就是一部劳动不断发展的历史。在早期的人类劳动中占据主导地位的无疑是体力劳动、农业劳动、生产性劳动。而脑力劳动、工业劳动、服务性劳动等形态比重的不断增加，是人类不断摆脱自然界的限制，走向物质丰裕、生活幸福时代的重要推动力。今天，脑力劳动、服务性劳动的比重还在不断增加，劳动的现实形态也已经出现了日益多元、融合的态势。与此同时，农业劳动、体力劳动等劳动形态仍然不断贡献于我们的日常生活。与我们息息相关的劳动世界，早已不再简单。

那么，劳动是如何在创造人类历史、改变人类生活的同时，也实现了自身形态的沧桑巨变的？当代社会，人类劳动的形态与过去有哪些根本的不同？千姿百态的劳动形态如何在我们的日常生活里各领风骚，展现其各自独特的价值？最为重要的是，我们应当如何认识不同岗位劳动者的独特荣光？如何为成为光荣的劳动者做好最充分的准备？

让我们一起来探索、回答以上事关人类生存和个人生活质量的最严肃的问题吧！

本书与其说是一本关于劳动教育的教材，不如说是一封对于劳动世界探秘的邀请函。通过对劳动主题的深入探究，我们希望本书能够贴心陪伴并服务于同学们最精彩的人生之旅。

檀传宝

北京师范大学教授、全国德育学术委员会荣誉理事长

2025 年 7 月 2 日，京师园

# 目 录
CONTENTS

# 1 历史的真相

一块城砖，可以昭示劳动在历史中的重大意义。

通过本单元的学习，我们可以深入理解劳动对人类历史发展的决定性作用，体悟劳动创造精彩人生的重要价值。

# 第一课 城砖的秘密

* 一块古城砖，到底隐藏着怎样的秘密？

* 研究城砖的学者与六百多年前的工匠将开启怎样的一场穿越时空的对话？

* 让一块块持有“身份证”的城砖带我们一起去探寻劳动创造历史的真相吧！

南京明城墙

在古代社会，城墙是一座城市抵御外敌入侵的重要屏障。它们就像坚实的臂膀，默默护卫着一座座城池。有的城墙依山而建，蜿蜒如龙；有的规矩方正，齐整威严。在很长的历史时期内，中国古代的城墙建造技术在世界范围内都是特色鲜明、独领风骚的。历经千百年的风雨洗礼，中国迄今仍有西安、平遥、荆州、大同、蓬莱等十多处较为完好的古城墙巍然屹立。走近这些古城墙，数千年生生不息、辉煌灿烂的华夏文明便触手可及。

现存世界上最长、规模最大且保存完好的古城墙就是南京明城墙了。南京明城墙是明太祖朱元璋定都南京后下令修建的，历经二十八年，于公元 1393 年正式建造完成。经过六百多年风雨洗礼，原来的木质城门早已不见了踪迹，但古城墙的墙体仍巍然屹立、固若金汤，其关键就在于垒建城墙所使用的总计约 3.5 亿块坚实的城砖。那么，几百年前智慧的中国人是怎样创造这样伟大的奇迹的？一块块城砖背后又隐藏着怎样的秘密呢？

## 一、学者与工匠的“对话”

明城墙的城砖引起了许多研究者的兴趣。在长期研究过程中，这些研究城砖的学者仿佛与六百多年前的工匠展开了下面这场穿越时空的“对话”：

这些了不起的城砖，每一块都是你们辛勤劳动的成果吧！你们是在什么地方烧制了这些了不起的城砖呢？

身为国家工匠，自当尽心竭力，精工制作。数亿城砖多地烧制（多来自今天的江苏、安徽、江西、湖北和湖南五省），运抵京师。

那么，全国各地制造出来的城砖有什么区别吗？

诸省土质有别，所造城砖质地自有不同。黏土所造色呈青黑，质地细密，沙土所造则呈灰黑，透水性强。江西多高岭土，所产高岭土砖亦称瓷土砖，色呈米黄，砖面光滑、紧实细腻、质地坚固，乃砖之上品也。

那么，这么多城砖又是如何千里迢迢运到南京的呢？

城砖体积颇大，块重四十斤，多经漕运，抵达京师。官船每船运四十块，普通民船每船运二十块。用砖数亿，遂成大明京师城池之雄壮巍峨也！

难怪城墙前后建造了二十多年！仅仅每年千百万块城砖的运输，就是一项多么艰苦卓绝的浩大工程啊！没有你们的辛勤劳动，就没有坚不可摧的城墙。是了不起的你们，创造了了不起的历史！

**探究与思考**

从学者与工匠的对话中，我们能发现些什么？

计算一下 3.5 亿块城砖需要多少普通民船来装载？

上网查询资料，若从江苏无锡水运一船城砖到南京，需要花费多少时间？

若从较远的湖南洞庭湖运到南京，又需要花费多少时间？

得出的数据带给我们什么启示？

## 二、汗水浇筑的城砖

明城墙坚如磐石，靠的是每块城砖的优良品质。城砖的烧制不仅有十分严格的操作规范，还需要很高的制作、烧造技术。

在明代科学家宋应星的《天工开物》中，就详细记载了制砖的工艺流程。综合有关文献的描述，传统制砖的流程大致有六个主要步骤。考察制砖的每一步，我们都能体会到其中劳动者的投入与贡献。

**探究与思考**

若我们是古代工匠，会如何制造一块城砖呢？

**第一步：选土**

造砖匠人们将土堆至场地中央，经日晒雨淋，使其颗粒分解而少硬块。然后过大小筛器，筛选出最细、最好的泥土。在没有现代机械设备的时代，筛土也是力气活。

**第二步：炼泥**

滤土加水成泥，然后驱牛反复践踏，或者由匠人们用脚踩踏，使泥稠而均匀。长期踩泥，会让匠人们的脚底长出厚厚的老茧。

**第三步：制坯**

把炼好的泥填入模具，塑成砖形。城墙用的砖大多填入长方形模具，抹平表面之后去模，制成砖坯。砖坯需棱角分明，六面平整。而后需将砖坯风干。若保护不力，遇太阳过烈，砖坯便会开裂；遇暴风骤雨，砖坯也可能被摧毁，整个工序还得重来……

**第四步：装窑**

待砖坯风干好，便是装窑了。匠人们用专用运载工具将砖坯从砖架上挑至窑口，再依次传给装窑的师傅，然后由窑匠师傅按一定的规则、顺序一块块、一层层地码放。码放时，还要预留好火道及烟道的位置。装完一窑砖，匠人们可能已经汗流浃背、浑身黢黑了。

**探究与思考**

在一块城砖诞生的过程中，凝聚了哪些劳动？

**第五步：烧窑**

装好窑后，烧窑是一个技术活。在窑门未封闭之前，几位壮劳力不停地往窑里快速添柴火，也称之为“烧赶火”。待窑内柴火填满后，便立即用砖将窑门封死，再用事先备好的稀泥巴将其糊严实。然后迅速用土将窑的顶部也封住，同时还要在窑顶的外围用土拢起一圈小土坝，再用稀泥巴将盖土及小土坝糊严实。小土坝看起来类似一个小鱼池。之后，就可以往这个“小鱼池”里上水了，俗称“挑窑水”。由于这道工序要持续多天，窑匠师傅们昼夜坚守，经常会熬得满眼通红。

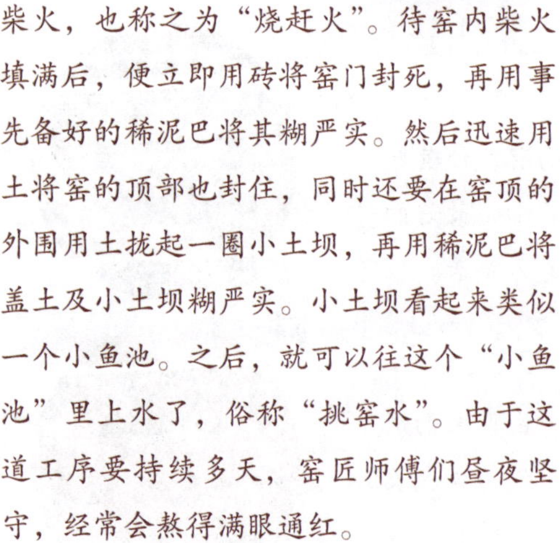

请尝试完成一块城砖诞生的过程图，并标记每一步所需要的劳动。

选土　所需劳动：________

↓

（　　）　所需劳动：________

↓

（　　）　所需劳动：________

↓

（　　）　所需劳动：________

↓

（　　）　所需劳动：________

↓

出窑　所需劳动：________

**第六步：出窑**

出窑工序与装窑工序相反。烧制好的砖块又要耗费大量人力，小心运出窑外。

## 三、城砖的“身份证”

为了保证城砖的品质，防止粗制滥造，明朝政府建立了一套自上而下的“生产责任制”来加强管理和监督。这就是我们在一些城砖上常常能看到的城砖铭文，也就是城砖的“身份证”。城砖铭文上的监制人官职多为提调官、通判、主簿等，之后是各地乡村组织责任人，有总甲、甲首、小甲等，最后是窑匠和造砖人夫。可以说，每一块城砖都是造砖人汗水的结晶，每一方铭文都是劳动者担当的最好见证。

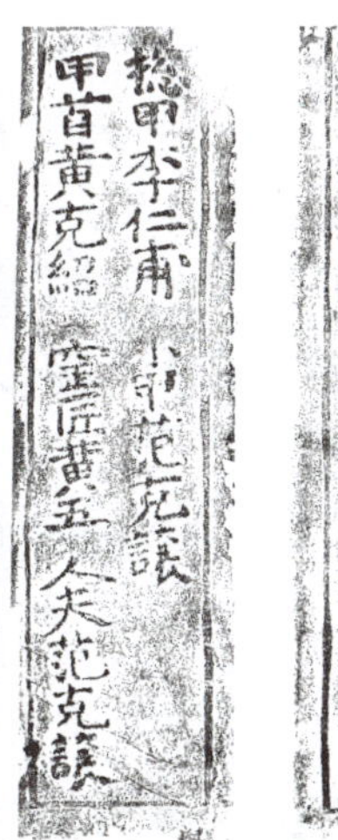


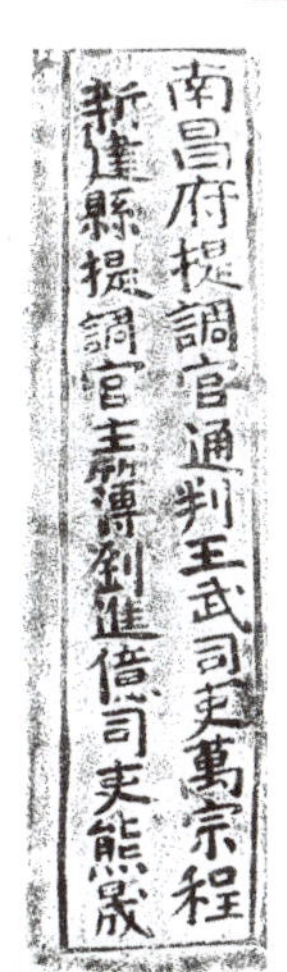


南京明城墙城砖铭文及其拓印

如何才能使城砖与城砖之间牢牢地黏合在一起，抵御风霜雨雪、烽火刀剑的侵袭呢？工匠们使用了一种神奇的“强力黏合剂”来保证墙体坚固。神奇的糯米灰浆黏合剂，是中国乃至世界建筑史上的一项重要发明，也是中国古代劳动者伟大智慧的重要见证！

小到一块坚实的古城砖，大到整个璀璨的人类文明，无不建立在劳动基础之上，劳动人民才是创造世界历史的真正英雄。从钻木取火到蒸汽机车，再到现代科学技术的日新月异，历史上的每一幅辉煌画卷、每一次沧桑变革，无不刻上了劳动的印记。

拓展阅读

**神奇的“强力黏合剂”**

南京明城墙坚不可摧的秘密，不仅在于质量上乘的城砖，城砖的垒砌工艺也至关重要。今天，我们在南京明城墙的砖缝之间仍然能看到一种白色物质，这就是城砖之间的黏合剂。这种黏合剂凝固性能极强，历久弥“坚”，能与今天质量上乘的混凝土相媲美。对于这种“强力黏合剂”，其神秘的配方至今无人能完全破解。

关于城墙黏合剂，民间一直有用糯米和桐油筑城的传说。使用糯米汁的办法，在《天工开物》中得到了验证：“凡石灰经火焚炼为用……用以襄墓及贮水池，则灰一分，入河沙、黄土二分，用糯米粳、羊桃藤汁和匀，轻筑坚固，永不隳坏，名曰三和土。”《天工开物》的记载表明，在我国古代建筑中已经普遍使用石灰、糯米汁、羊桃藤汁作为黏合材料。据专家检测，在南京明城墙的黏合剂中发现了石灰等无机成分和糯米等有机成分。

不同于同一时期欧洲普遍使用的无机材料石灰粉，在糯米中加入石灰能有效抑制细菌滋生，实现了有机物和无机物的完美搭配，因此糯米灰浆具有耐久性强、黏结度高、韧性及防渗性好的特点。糯米灰浆黏合剂的使用，让南京明城墙更加牢固持久、简朴美观。

## 四、劳动创造历史的路线图

恩格斯曾经在《劳动在从猿到人转变过程中的作用》中说：“首先是劳动，然后是语言和劳动一起，成了两个最主要的推动力，在它们的影响下，猿的脑髓就逐渐变成了人的脑髓。”“劳动和自然界一起才是一切财富的源泉，自然界为劳动提供材料，劳动把材料变为财富。但是劳动还远不止如此。它是整个人类生活的第一个基本条件，而且达到这样的程度，以致我们在某种意义上不得不说：劳动创造了人本身。”

劳动创造了人类的历史，甚至创造了人本身。现在，让我们一起考察劳动的“前世今生”，看看劳动是怎样创造历史的吧！

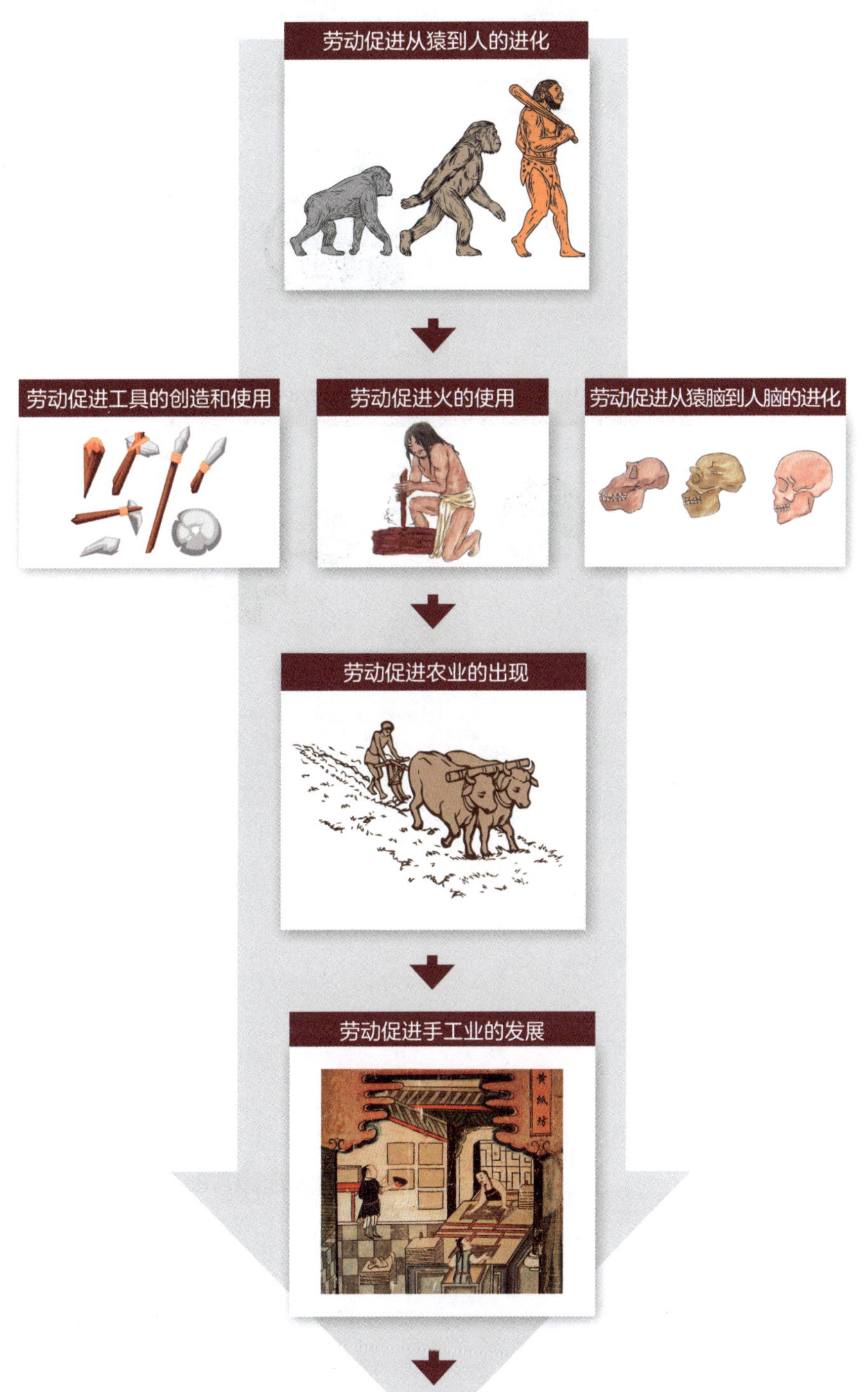


劳动创造历史的路线图

劳动创造历史的路线图（续）

**探究与思考**

通过学习劳动创造历史的路线图，思考劳动在人类历史进程中发挥了怎样的作用。

## 拓展活动

### 历史的真相“小调查”

1. 除了明城墙上的城砖，你还知道哪些篆刻着劳动印记的历史证据？分小组收集劳动创造历史的不同类型的证据。

2. 将收集到的资料以电子演示文稿（PPT）、视频短片、手抄报或其他图文并茂的形式呈现出来。

3. 小组讨论后得出相关结论，推选本组的发言代表，完成小组拓展活动记录表。

4. 课上，小组代表汇报小组研究成果。

| 项目 | 内容 |
|---|---|
| 组名 | |
| 小组代表 | |
| 组员 | |
| 证据 | （比如，可收集城砖的图片、文字资料、相关报道等） |
| 来源 | （请说明证据来源的可靠性） |
| 结论 | |

# 第二课 劳动哺育最美的花

* 从明城墙城砖到港珠澳大桥，劳动在人类文明的历史进程中发挥了什么样的作用？
* 文学、音乐、美术、舞蹈等众多文化表现形式中，蕴藏着哪些劳动的主题？

一块城砖，就足以为我们揭开劳动创造历史的秘密。

人类凭借辛勤劳动，书写了无比恢宏的历史，创造出璀璨的物质文明和伟大的精神文化。在这个历史进程中，人们也通过各种艺术形式表达了对劳动之美的礼赞。可以说，人类的文化史盛开了最美丽的劳动之花，让今天的人们仍然能穿越时空，嗅到其诱人的芬芳。

## 一、劳动铸就璀璨的文明

历史虽然远去，但总有些东西能够让我们展开无限的遐想，见证曾经的辉煌。建筑被称为凝固的艺术，它不仅是人类对自然的改造、对空间的重塑，也是灿烂的人类文明的重要见证。

### 巧夺天工

西藏就有一座宏伟的建筑。有人说，它的石墙像一个男人坚实有力的骨骼，它交错安置的经堂、圣殿像是人体的内脏，而在最底层默默承重的地垄则是人的双腿，曲折迂回的走廊、疏水的管道则像人体的血管。这就是拉萨乃至青藏高原的标志性建筑、被世人称为“世界屋脊的明珠”的布达拉宫。依山垒砌、坚固敦实的花岗岩墙体，松茸平展的白玛草墙领，金碧辉煌的大殿金顶，具有强烈装饰效果的大鎏金宝瓶，再加上红白黄三种色彩的装点，使得布达拉宫气贯苍穹、无比雄伟。屹立于雪域之巅的布达拉宫，是中华民族勤劳与智慧的伟大见证之一。

布达拉宫

探究与思考

关于布达拉宫的故事和传说有很多，上网搜索有关资料，以“布达拉宫建造的故事”为主题进行小组交流，体会并思考布达拉宫的美丽是怎样“炼”成的。

如果要进一步探秘劳动创造的宝贵文化价值，位于河西走廊的莫高窟也许能够给予强有力的回答。

莫高窟是世界上现存规模最大、营建时间最长、内容最丰富、保存最完整的佛教石窟寺庙遗址之一。它以精美的壁画和塑像闻名于世，被誉为“沙漠中的美术馆”和“墙壁上的博物馆”。因“古丝绸之路”经过敦煌，繁盛不息的贸易往来，更让这里声名远播，一度成为世界四大古文明的汇流中心。莫高窟也因为这一世界级的文化交融而成为难以被超越的历史文化圣地。

莫高窟

莫高窟所在的戈壁荒漠四季干旱，风沙严重。修建石窟要先在断崖上开凿洞窟。因规模不同，小则一年半载，大则两三年不等，数十米高的大像窟则需要四五年的时间才能建造完成。由于石窟内的岩体质地不适合绘画，也为了让壁画能够长久保存，在绘制壁画之前，人们要先在岩壁上抹上麦草泥、谷糠泥、麻泥三种不同质地的泥层，然后再刷上一层石灰浆作为底色。之后才是起稿、上色、描线等复杂的绘制壁画的工序。众多佛教人物的彩塑制作更为繁复。敦煌石窟开凿在砾岩上，除南北大像是依山而建的石胎泥塑外，其余多为木架结构。小型彩塑多用木料直接削成人物的大体结构；中型彩塑则大多用红柳等木材根据塑像需要扎制而成；而高达二三十米的巨型泥塑，其主体多是由开凿洞窟时预留的塑像石胎雕刻而成，手脚部分则以木架制作。有了大体结构之后，才是制泥、塑造、收光、敷彩等流程，其中每一步又要细分成若干道工序。

莫高窟现存洞窟 735 个、壁画 4.5 万余平方米、彩塑 2 400 余尊。这样举世罕见的皇皇巨制的背后是一代又一代的僧人、匠人的血肉和生命、青春和梦想、智慧和创造。劳动的伟力，成就了莫高窟的宏大与辉煌。

## 拓展阅读

### 莫高窟名字的由来

传说乐僔和尚路经鸣沙山，忽见金光闪耀，如现万佛，于是便在岩壁上开凿了第一个洞窟。此后法良禅师等又继续在此建洞修禅，称为“漠高窟”。后世因“漠”与“莫”通用，便改称为“莫高窟”。

## 山海变通途

中国的古建筑或气势恢宏、富丽堂皇，或精雕细刻、精美绝伦。它们都见证了一代代劳动者的辛劳与贡献。今天，勤劳勇敢的中国人也在延续着历史的辉煌，正在创造着一项项必将载入史册的浩大工程。

2009 年，胸怀壮志的中国工程师和工匠们，在波澜壮阔的伶仃洋上开启了一段梦幻之旅。仅仅 9 年时间，他们在海天之间托举起了一个人类奇迹——世界上最长的跨海大桥——港珠澳大桥。雄伟壮丽的港珠澳大桥横跨辽阔的海洋，将香港、澳门和珠海三地连为一体。

### 拓展阅读

港珠澳大桥是在“一国两制”框架下粤港澳三地首次合作共建的超大型跨海通道，全长 55 千米，设计使用寿命 120 年，总投资 1 000 多亿元人民币。

大桥主体工程实行桥、岛、隧组合，总长约 29.6 千米。穿越伶仃西航道和铜鼓航道段约 6.7 千米为隧道，东、西两端各设置一个海中人工岛（蓝海豚岛和白海豚岛），犹如“伶仃双贝”熠熠生辉；其余路段约 22.9 千米为桥梁，分别设有寓意三地同心的“中国结”青州桥、人与自然和谐相处的“海豚塔”江海桥，以及扬帆起航的“风帆塔”九洲桥三座通航斜拉桥。

港珠澳大桥是世界上最长的跨海大桥，其设计和施工难度刷新了多项世界纪录。

港珠澳大桥主体由桥、岛、隧三部分组成。其中 6.7 千米的海底隧道由 33 节沉管对接而成，施工难度史无前例。2013 年 5 月 2 日，海底隧道开始下放第一节沉管，中国工程师和工匠们经过 1 400 多个日夜的苦战，终于将 33 节沉管在海平面以下 13 米至 48 米不等的深度实现海底无人对接，误差在 2 厘米以内。在挑战中摸索，在摸索中前进，劳动者们攻克了一系列世界级难题，打破多项世界纪录，形成的发明专利达 400 多项。在港珠澳大桥的建造过程中，类似沉管技术这样的革新还有很多。完成这样一项规模浩大的世纪工程，无疑就是攀登了一次世界桥梁建造史上的“珠穆朗玛峰”！

港珠澳大桥

七百多年前，民族英雄文天祥留下了“惶恐滩头说惶恐，零丁洋里叹零丁”的著名诗句。如今，新时代中国人以辛勤的汗水、伟大的创造力和气吞山河的气概，成功实现了港珠澳三地的“珠联璧合”。

探究与思考

贵州清水河大桥以高著称。搜索、观看中央电视台《走遍中国》栏目中贵州清水河大桥片段，查阅相关资料，并与同学一起探讨：清水河大桥的建造与港珠澳大桥相比，面临着哪些不同的困难和挑战？其间又凝聚着哪些劳动者的聪明才智？我国历史上还有哪些桥梁建设的奇迹？

## 二、劳动之美的礼赞

劳动创造历史，也创造美。如果人类的文明史是一幅绚丽的画卷，那么这幅绚丽画卷的底色一定是人类的劳动。人们在劳动过程中所体现出来的智慧、品格、情感等都成为无数文学、音乐、美术、舞蹈等艺术作品争相表达的主题。

### 文学作品中的劳动之美

从春秋时期的《诗经》，到现当代文学艺术作品，人们从不吝惜对劳动的礼赞。

《诗经》名篇《关雎》所礼赞的，正是一位劳动女性的美好——一丝浅笑挂在她那红润的脸庞上，一双灵巧的手正在采摘黄灿灿的荇菜，她正轻轻地哼唱着快乐的歌曲……

关雎

关关雎鸠，在河之洲。
窈窕淑女，君子好逑。
参差荇菜，左右流之。
窈窕淑女，寤寐求之。
求之不得，寤寐思服。
悠哉悠哉，辗转反侧。
参差荇菜，左右采之。
窈窕淑女，琴瑟友之。
参差荇菜，左右芼之。
窈窕淑女，钟鼓乐之。

——《诗经·周南》

《关雎》中这位采荇菜的少女，她的美就体现在劳作的过程中、体现在勤劳的品质上。而《诗经·魏风·十亩之间》则勾画了一派清新恬淡的田园风光，抒写了采桑女轻松愉快的劳动心情。

夕阳西下，炊烟袅袅。忙碌了一天的采桑女们，准备回家了。桑园里响起一阵呼唤同伴的声音。人渐渐走远了，她们的说笑声和歌声却仿佛仍袅袅不绝地在桑园里回旋……

十亩之间兮，
桑者闲闲兮，
行与子还兮。
十亩之外兮，
桑者泄泄兮，
行与子逝兮。

短短的几行诗句，诗人对劳动和生活本真的热爱便跃然纸上。

被誉为“诗仙”的李白，也收获过许多劳动给予的灵感。在名篇《秋浦歌》里，他曾这样讴歌劳动之美：

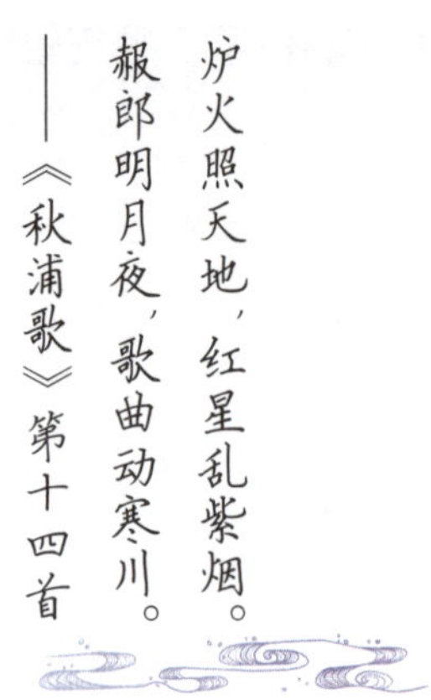

通过诗篇，我们不难看到：冶炼的炉火熊熊燃烧，红星四溅，紫烟蒸腾，广袤的天地似乎都已被炉火照得通明。冶炼匠人的脸庞被炉火的光亮映得通红。他们一边劳动，一边唱起慷慨激昂的歌曲，歌声是那么嘹亮、高昂，以至于连冰冻的河流都为之激荡……

可见，劳动者辛勤劳作的壮美画面是多么动人心魄！

### 音乐作品中的劳动之美

劳动本身的美丽不仅受到了文学的礼赞，在音乐的王国里，劳动之美也常常带领人们进入神圣美好的精神殿堂。

20 世纪 40 年代的一个夏天，作曲家马可来到黑龙江佳木斯的一个大型工厂采风。一直以来，马可都想为翻身解放了的工人们写一首歌。终于，工厂里熊熊燃烧的炉火、轰鸣的机器声和工人们热火朝天的劳动干劲触发了他的创作灵感，于是就有了今天广为传唱的《咱们工人有力量》：

咱们工人有力量，
嘿！咱们工人有力量！
每天每日工作忙，
嘿！每天每日工作忙，
盖成了高楼大厦，
修起了铁路煤矿，
改造得世界变呀么变了样！
…………

**探究与思考**

《咱们工人有力量》与《秋浦歌》的创作意境有什么相似之处？又有何根本区别？

热情、激昂、有力量的旋律，塑造了一种气势磅礴的美丽；激动人心的歌词，鼓舞着千千万万劳动者奋力前行！

新中国成立后，歌颂劳动之美的音乐作品更是不断涌现。《我为祖国献石油》唱出了石油工人投身祖国建设的豪迈，《在希望的田野上》反映了改革开放初期农民心底的喜悦，《幸福在哪里》激发了人们对未来的无限憧憬，《春天的故事》唱响了神州大地荡起的滚滚春潮，《不忘初心》情感深沉、催人奋进……

《美丽的心灵》这首歌的背后，就有一个展现新中国劳动之美的美丽故事。

1979 年一个美好的早晨，歌词作家陈雪帆和往常一样早起晨练。当他走到中山广场附近，突然听到不远处的林荫之中，响起一阵清脆的车铃声，几辆清洁车迎风而来，环卫姑娘们精神抖擞、满面笑容。这是多么美丽的早晨！这是多么美好的心灵啊！如何让还在梦乡中的人们看到这美丽的一幕呢？兴奋的陈雪帆赶忙回家，伏案疾书，一首《美丽的心灵》不久便风靡全国……

美丽的环卫工人

曙光透进路旁的林荫，
铃声打破黎明的寂静。
姑娘驾驶清洁车，
晨风吹动着你的衣襟。
你是健康和幸福的天使，
深情联结着千百万人民。
双手打扮可爱的城市，
歌声唤来春天的百灵。
姑娘洒下滴滴汗珠，
描绘祖国锦绣美景。
…………

**探究与思考**

你还知道哪些反映劳动之美的音乐作品？以歌会友，与同学交流。

## 美术作品中的劳动之美

与文学和音乐一样，大量的美术作品也展示了劳动和劳动者之美。

当代画家罗中立所完成的《父亲》就是一幅震撼人心的经典之作。

画中人物是一名头裹白布、手端旧碗的农民。在阳光的照射下，他黝黑的脸庞满是岁月的痕迹，那深深的褶皱，仿佛刀刻一般。那凸出的眉弓与凹陷的眼睛、高挺的鼻梁与宽厚的鼻翼、半张的嘴与干裂的唇、肤色与茶水的颜色形成呼应……这一切似乎表明这位老人刚刚经历过一阵辛苦的劳作，口干舌燥，正想端着水喝，目光注视前方，仿佛关注着正在走入他视野的陌生人。

《父亲》

**探究与思考**

这幅作品为什么起名为《父亲》？你觉得这幅作品还可以起什么名字？劳动的艰辛，也是一种美吗？

这种饱经沧桑、一生劳作却永远对生活充满希望的普通劳动者的坚强，以及中华民族百折不挠的坚韧都在这幅经典画作中得到了充分的体现。

**探究与思考**

劳动者的力量之美，也是美术作品在表现劳动生活时的一个重要主题。劳动者身上所具有的那种源自生命、蓬勃向上的力量感，也是一种激动人心的美。你能列举出表现力量之美的艺术作品吗？请将你的思考填写在下列表格中。

| 表达力量之美的艺术作品 | 你对作品的理解 |
| --- | --- |
| | |

在世界美术史上，以劳动者为主题的著名绘画还有米勒的《拾穗者》、萨金特的《康卡勒的牡蛎采集者》、库尔贝的《筛麦妇》等。以劳动、收获等为主题的美术作品更是不计其数。劳动本身是平凡的、质朴的，但劳动中总有一种积极向上、激励人心、鼓舞人心的力量。这些伟大的美术作品不仅是对劳动的某个细节或瞬间的刻画，更是一种对生命意义的体验，对发现与创造过程的讴歌。

## 舞蹈作品中的劳动之美

作为最古老的艺术形式之一，舞蹈与人类的生产生活息息相关。自古以来，劳动就是舞蹈所表现的重要主题之一。有人甚至认为，舞蹈最初可能就起源于人们的生产劳动。人们通过协调、灵活、富有节奏感与表现力的肢体动作来表现劳动的情景和对劳动者的赞美。

2016 年 9 月，G20 杭州峰会期间，我国作为主办国，为世界来宾奉献了一台国际一流的文艺演出——《最忆是杭州》。其中最为灵动、梦幻的节目之一就是反映传统采茶劳动的《采茶舞曲》。在西湖醉美的夜色中，漫山遍野翩翩起舞的采茶女令整个西湖都随之轻盈律动。

一群姑娘身着彩衣，腰系绣花围裙，手持茶篮，口唱《十二月采茶歌》，载歌载舞。一路上山坡，走小路，穿茶丛，双手采茶、拣茶，在采茶归途中欢快地追扑蝴蝶。整个采茶舞以跳跃活泼的乐曲和轻盈优美的舞姿，展现了风和日丽的茶乡、采茶女采茶时的生动情景。

《采茶舞曲》　新华社记者摄

生活在墨江哈尼族自治县景星镇曼兰村的傣族妇女，至今还保留着一种时常会在节庆或劳动之余跳起的传统民间舞蹈——劳动舞。伴随舞曲，舞者要做完“撒秧种”“拔秧苗”“下大田栽秧”“薅秧”“守稻田撵鸟兽”“割稻”“打谷”“装谷入筐”“挑谷回家归仓”等数十个劳动动作。在明快热烈的舞曲中，不同的舞蹈动作形象生动地再现了从春种到秋收、从撒种到装谷入仓整个稻耕劳作的过程，极富劳动生活的气息，充分展现了劳动人民辛勤劳动的场面和欢乐幸福的情感世界。

实际上，许多民族都有类似的舞蹈：汉族的《秧歌》《推小车》《跳春牛》、壮族的《扁担舞》、黎族的《打柴舞》、蒙古族的《牧马舞》、布依族的《织布舞》、赫哲族的《捕鱼舞》、彝族的《狩猎舞》……这些风格各异、千姿百态的舞蹈作品，都是人们在日常的劳动生活中获得灵感而创作出来的，是各族劳动人民艺术智慧的结晶。丰富多彩的劳动之舞，是对劳动生活最真诚、最质朴的讴歌与赞美！

### 劳动者也是“艺术家”

劳动是艺术的源泉，艺术家创作了许多讴歌劳动的美好作品。那么，普通劳动者呢？他们只是艺术的旁观者吗？

虽然许多优秀的艺术作品多为艺术家所创作，但艺术并非艺术家的专属，普通劳动者也可以是人类艺术史的重要参与者。在人类历史浩如烟海的艺术宝库中，不乏由普通劳动者创造的艺术精品。今天，那些奋斗在各行各业的劳动者也以不同的艺术形式带给我们数不尽的感动。诗歌就是劳动者记录生活、抒发情感的重要载体之一。

王计兵（笔名拾荒），是一名外卖员，也是一位诗人。骑行 15 万千米穿梭于城市街巷间，他利用送外卖的间隙创作了 5 000 多首诗，记录普通人的苦乐悲欢。

王计兵的诗句，有态度又不失温度，坚定而有主张。外卖的工作，使他恨不得从一小时里赶出 61 分钟，但他于争分夺秒中赶出来的不是急躁，不是抱怨，而是一份温情，是万物向上的乐章。

除诗歌外，音乐、美术、舞蹈、雕塑等也都是劳动者创作的载体。工厂车间生活着工人歌手，田间地头孕育了农民画家……这些平凡劳动者的创作或表演，不仅大大丰富了他们自己的精神生活，也为人类的艺术发展增添了无比珍贵的财富。

此外，并不是只有懂艺术的劳动者才称得上“艺术家”。劳动者的艺术，也不仅仅以艺术作品的形式展现。因为劳动本身就独具审美属性。劳动过程中的匠心独运、精益求精，劳动成果的美轮美奂、精妙绝伦，以及劳动者身上所展现的美德、力量、智慧，都是美的。最重要的是，许多人通过劳动感受幸福、拥有幸福，这本身就是伟大的生活艺术。

人类的历史，就是劳动的历史。劳动，就像时间海洋里的一艘巨轮，虽历尽惊涛骇浪，却永远向前。正是乘坐着这艘巨轮，人类才从荒蛮走向文明。所有的历史古迹、文化艺术，都是这艘巨轮沿途激起的一朵朵美丽的浪花。劳动创造了人类历史，劳动也将成就我们的美好人生。

### 低处飞行

王计兵

谁说展翅就要高飞
低处的飞行也是飞行
也有风声如鸟鸣
有车轮如流星
包装上贴着的订单
白纸黑字，急急如律令
是公文也如神符

从三百六十行里
赶出一个新就业
从二十四节气里
赶出一个小哥节
赶时间的人，从一小时里
赶出六十一分钟
从争分夺秒里赶出一份温情

把秒针和分针铺在路上
像黑白有致的琴键
谁又能说曲高和必寡
这低在大地的声音
才是万物向上的乐章
如果人间有第五个春天
那一定是，小哥的春天

## 拓展活动

**送一束花给辛勤劳动的人**

花常被作为象征美好的礼物献给想要祝福的人。不同品种的花因其花语的不同而表达着不同的祝愿。如果让你为辛勤劳动的长辈、老师、同学送上一束花，你愿意送什么花？你知道它的花语吗？结合下页表格提供的例子，填写相关内容，并表达自己的愿望。

| 花名 | 花语 | 赠送对象 | 赠送原因 |
| --- | --- | --- | --- |
| 非洲菊 | 非洲菊还被称为“太阳花”，代表不畏艰辛、辛苦劳作，也赞颂了曾经的付出 | 劳动者 | 送非洲菊表示劳动者是我们心中的太阳 |
| 向日葵 | 代表： | | |
| 康乃馨 | 代表： | | |
| | | | |

# 第三课 最美好的人生

* 人人都追求有意义的人生，那些在平凡岗位上的人们是如何活出精彩人生的呢？
* 他们获得精彩人生的秘密又是什么呢？

劳动不仅能创造出丰硕的劳动成果，更能凸显劳动者自身的价值和意义。秋日的果实会给农民带来丰收的喜悦，学生的成长会给教师带来幸福的芬芳，造福人类的科技之花则会成就科学家最吸引人的神奇魅力。在无数平凡的岗位上，劳动者勤劳的品质、智慧的心灵、高尚的人格都会给世界带来无限的美好。

## 一、劳动创造价值

一个人的价值在于他对社会的责任和贡献。如果愿意勤奋劳动，并在劳动中发挥聪明才智，每一个普通人，都可能对社会发展和人类进步做出伟大的贡献。

在春秋时期的鲁班身上，就体现着劳动者的勤劳、智慧。鲁班出身于工匠世家，从小就跟随家里人做木工活，逐渐掌握了许多劳动技能，积累了丰富的实践经验，也发明了不少木工工具。

传说，锯子就是鲁班发明的。相传有一次他进山伐木，手被一种野草的叶子划破了，渗出血来。他摘下叶片轻轻一摸，原来叶子两边长着锋利的小齿，手就是被这些小齿划破的。他从这件事中得到了启发：要是有这样齿状的工具，就能很快地锯断树木了吧！于是，经过多次试验，鲁班终于发明了锯子，大大提高了木工的工作效率。

除锯子外，传说鲁班还发明了墨斗、刨子、石磨等木工工具，云梯、钩强等古代战争器械和兵器。正因为这些伟大的发明，鲁班被世人尊为“工匠的鼻祖”。当然，也有人认为，人们是把古代劳动人民的集体创造和发明都集中到了鲁班身上，他的名字已经成为古代劳动人民勤劳、智慧的象征。但无论怎样，这些发明创造都是劳动人民在生产劳动的实践中得到启发，再经反复研究和试验所取得的成果。每一项发明和创造都是汗水与智慧的结晶。

两千多年后的今天，工匠们所要面对的工作已不再像鲁班生活的时代那么简单。动辄数万、百万吨级的巨型机械，精密、复杂的数控机床，上百米的高空作业，数千米的深海探险……现代社会的工程技术复杂程度早已今非昔比，但数千年流传下来的执着专注、精益求精、一丝不苟、追求卓越的工匠精神却没有改变。

内蒙古女车工赵晶，就是这样一位具有新时代工匠精神的杰出劳动者。技术高超、热情大方的她时常把自己的业余时间用来与工友进行技术交流。她深知，认真刻苦、勤恳诚实是工匠必备的品质。镗孔刀、螺纹刀、切槽刀……她能够熟练使用的刀具多达十几种。0.1毫米、0.01毫米、0.002毫米……最终她操作的数控机床，最大加工精密度能达到一根头发丝直径的1/30。凭借精密加工的本事，赵晶先后攻克了30余个型号、数百种零件的加工难题。像鲁班一样，赵晶也在劳动中有了许多发明创造，独创了“赵晶一位双刀套类零件操作法”，在保证设计精度的同时，将零件的产品合格率提高到99.7%。这一操作法突破了机床极限，对行业合并工序提高生产效率、

“女刀客”赵晶　新华社记者摄

**探究与思考**

工匠精神可以给世界带来无限精彩。作为技工院校的学生，我们将来会成为奋斗在劳动最前线的技术工人。

我们应该如何培养工匠精神？如何在未来的工作中将工匠精神发挥到极致？

提升产品质量具有不可估量的意义。以赵晶名字命名的大师工作室先后通过了内蒙古自治区和国家的评审，“女刀客”赵晶已成为名副其实的国家级大师。

## 二、劳动成就人生

劳动不仅能给世界带来美好，也会成就劳动者精彩的人生。各行各业的劳动者都能在各自的岗位上靠自己的努力获得非凡的人生意义。乡村教师支月英，就是其中具有代表性的一位。

> 滴自己的汗，吃自己的饭，自己的事自己干，靠人、靠天、靠祖上，不算是好汉。
>
> ——陶行知

1980 年，19 岁的支月英远离家乡，只身来到偏远的泥洋小学，成了一名深山里的女教师。一到学校，她就发现这里的条件比想象中的还要艰苦。泥洋小学地处江西省奉新县和靖安县两县交界的大山深处，交通非常不便，离最近的车站都有 20 多里地，师生往返学校全靠双脚在崇山峻岭间跋涉。山村生活条件异常艰苦，食品稀缺。支月英只能像当地人一样，自己动手种菜。

“最美奋斗者”支月英　新华社记者摄

在这又偏又穷的山旮旯，之前没有哪位教师能坚持下来。但是支月英坚持了下来，这一坚持就是 40 多年。从“支姐姐”到“支妈妈”，她每天教孩子们读书识字，唱歌跳舞，认识大千世界。在孩子们眼里，她是天下最美丽的老师！承载着贫瘠山村的美丽希望，每天与一双双纯净又渴望知识的眼睛相伴，也成了支月英最大的幸福。2017 年，支月英被评为“感动中国 2016 年度人物”；2019 年，被授予新中国“最美奋斗者”称号；2021 年 4 月，获得全国五一劳动奖章，

11 月，被授予第八届全国道德模范“全国诚实守信模范”称号。

支月英用自己平凡而伟大的一生给山区的教育带来希望。而其美多吉，另外一位新中国“最美奋斗者”，中国邮政集团四川省甘孜县分公司长途邮运驾驶员、驾押组组长，则用自己的坚守和不变的信念给雪域高原带去温暖。

“最美奋斗者”其美多吉　新华社记者摄

“我小时候，高原上的车很少，在我家乡，第一份报纸是邮车送进来的，第一份中专生的录取通知书是邮递员送来的。当时，我就想：如果能当上邮车司机，那该多么光荣和神气啊！”其美多吉说。

当漫天风雪让人无法分清天空和大地时，其美多吉的邮车总是在雪山之上碾出那最美的第一道痕迹——川藏线甘孜段经常遭遇暴风雪和泥石流，塌方滑坡也是常事，很多路段只能单边放行，这种情况下通常都是邮车打头阵，邮车过了，其他客车、货车等才敢小心翼翼地通行。其美多吉的行车线路要途经“川藏第一险”——雀儿山垭口。雀儿山垭口海拔 5 050 米，是四川最高的公路垭口。道路曲折险峻，几乎是在绝壁上开凿的，一面是碎石悬挂，一面是万丈深渊。对道路不熟悉或技术不过硬的司机，根本应付不了这里的路况。2017 年雀儿山隧道通车前，其美多吉每月要在这条路上往返很多次。他说：“每次经过这里，都要小心翼翼地查看左右车况。”逾 10 吨的邮车经过这里，每一次加速、换挡、转向，都如同与死神博弈。几十年来，他行驶的总里程足以绕地球 35 圈！

将每一个邮包、每一封信及时送达，是其美多吉给雪域高原上的人们送去的温暖问候。“就像歌手到了舞台上，才会找回灵感和激情，我也只有到了邮车上、行驶在路上，才有这种幸福和快乐的感觉。”其美多吉说。

### 探究与思考

电商时代，物流业的发展突飞猛进，快递员逐渐走进了人们的日常生活。他们不管刮风下雨，仍然坚守在自己的岗位上。和同学们分享一下身边“最美快递员”的故事，讨论他们身上有哪些优秀的品质值得我们尊敬。

平凡中的伟大，总是在经历漫长的时间洗礼后才更能绽放光芒。无论是在讲台上几十年如一日的坚守，还是在危险的川藏线上来回奔波，都能让平凡的劳动焕发出最动人的光彩。而已故“杂交水稻之父”袁隆平——一位 90 多岁时仍然奋斗在科研一线的老人，更让人心中多了一份由衷的敬佩。

经历过饥饿年代的袁隆平，一直将粮食问题装在心里。从 1960 年遇到第一株天然杂交水稻开始，袁隆平就和杂交水稻再也分不开了。从此，他开始了长达十几年的试验。这期间，袁隆平在田里弯腰检查过几十万株稻穗，经历过无数次的失败，当时还只是普通农校教师的他曾遭到国际权威专家的质疑，但这些困难都没有让他放弃。1973 年，袁隆平宣布中国籼型杂交水稻培育成功，标志着我国水稻杂交优势利用研究取得重大突破。1976 年，袁隆平和他的团队培育的“南优 2 号”在全国大面积推广，比常规水稻平均增产 20%。又经过十几年的研究，两系法杂交水稻在全国推广应用，比之前的三系法杂交水稻产量又增长了 5%～10%。为了解决中国的粮食问题，袁隆平带领他的团队不断向更高的目标发起挑战，亩产从 700 公斤、800 公斤、900 公斤到 1 000 公斤不断提高，突破了日本专家估算的水稻理论极限产量，各项国内、国际大奖纷至沓来。

这位为我国粮食安全、农业科学发展和世界粮食供给做出杰出贡献的老人说过两个愿望，一是向亩产 1 200 公斤发起冲刺，二是挑战耐盐碱的“杂交海水稻”。2019 年 9 月被授予“共和国勋章”的袁隆平，领奖之后的第一件事就是回到田里去看看他心心念念的杂交水稻……

无论是古代的鲁班，还是当代的支月英、其美多吉、袁隆平，无论是普通的劳动者还是伟大的科学家，他们的事迹都告诉我们一个最朴素的真理——劳动创造历史，也造就最有意义的人生！

## 探究与思考

在我们身边还有哪些“最美奋斗者”？是什么品质成就了他们平凡而又伟大的人生？

## 拓展活动

### 体悟科学之美

1. 请课后阅读沈致远的文章《科学是美丽的》，体会下面这段话对你的启发。

科学追求真理，揭示宇宙万物的真相及其变化规律。真正的科学家都懂得：真理是简单的，而且越是深层次、适用范围越是普遍的真理就越简单。简单、深刻、普遍三位一体，这就是科学美之源泉。

科学家在追求真理的过程中，锲而不舍，孜孜以求。常人往往认为是苦，其实他们虽然辛苦，却乐在其中。科学家顿悟和突破后的快感乃先睹为快——享受前人从未见过的瑰丽美景。

2. 参考所给示例，完成下列表格，体悟并与同学分享你所知道的科学之美。

| 科学家 | 研究领域 | 成果 | 科学之美 | 关于科学美之源泉的心得 |
| --- | --- | --- | --- | --- |
| 屠呦呦 | 药学 | 青蒿素 | 拯救了无数疟疾患者的生命 | |
| | | | | |
| | | | | |
| | | | | |
| | | | | |

# 第四课 劳动是如何长大的

* 这是一张人类起源的示意图，它简洁、生动地表现了人类漫长的发展过程。
* 劳动让人类告别古猿，劳动也始终与人类历史相伴。那么，劳动自身又是怎样发展的呢？
* 如果我们要画一幅劳动形态发展的示意图，它会是什么样的呢？

## 一、最初的劳动

说到劳动的起源，可能还得从原始人的日常生活说起。有人说，原始人多幸福啊！他们不用工作，饿了就去打猎，吃的都是纯天然的食物，不用忍受拥挤的交通、污浊的空气，小孩儿也不必每天辛苦地上学、上补习班……原始人的生活比我们现代人舒服多了！那事实真的如此吗？假如穿越回山顶洞人时期，我们的一天将会经历些什么呢？

今天我们吃什么？

野果。如果今天你运气好，也许能捕获一些野兽，那样我们就可以改善伙食了。当然，你也可以去捕鱼，或许要容易些。不过，多数情况下这些食物你得生吃。

我们穿什么样的衣服?

衣服？多数人没有什么衣服，多是用树叶蔽体，只有少部分人有用兽皮做成的“衣服”，不过前提是你得有一张兽皮！而一件兽皮“衣服”从剪裁到缝制，得花费很多功夫。

我们住在哪里?

洞穴，或者其他能让你遮风避雨的地方。为了抵御野兽的侵扰，全部落的男女老少必须住在一起。你可没有什么私人空间哦！

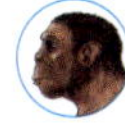

我们每天能干些什么呢?

劳动啊！需要狩猎、采集野果……大家忙活一整天，还不能保证整个部落都能吃饱呢！

由此可见，原始人的生活并没有想象中的那么美好。人们每天都得进行大量艰苦的劳动，同时还要防范野生动物的侵袭，如果遭遇大的自然灾害，他们还有可能失去家园甚至性命。当然，在长期的劳动实践中，人们也逐渐增长了智慧，发明出越来越多的劳动工具，提高了抵御野生动物侵袭和应对自然灾害的能力。

如果我们能够穿越回原始社会，就会惊奇地发现：原始人经常会拿着或大或小、形状各异的“神秘”石头敲敲打打。经过这样的加工，这些石头就成了他们最重要的劳动工具。他们将小块的石头磨成锋利的尖块，然后绑在树枝上，就有了最早的矛；将较为方正的石块绑在较粗短的木棒上，就成了锤。除此之外，还有石刀、石镰、石球等。石头在原始人的生活中发挥着重要的作用，也正是石质的劳动工具——石器的使用，才让人类渐渐走上进化的道路，和猿类“分道扬镳”。

石锤、石砧

旧石器时代早期（距今约 42 万年）

石锤和石砧是用来加工石器的工具。石砧是垫在石核下面的石块。石锤是直接用来加工石器的工具。人们往往选择圆而厚的砾石作为石砧，选择长圆形的、便于手握的砾石作为石锤。

大三棱尖状器

旧石器时代中期（距今约 7 万年）

大三棱尖状器比较粗大，是用巨大的角页岩厚石片制成，横断面呈三角形。由于其形状和制造技术都非常独特，被学者们视为丁村文化中颇具特色的一种器物，可能是用于挖掘根茎类植物的工具。

除了工具的制造外，火的发现和使用也在原始人的生产生活中起着重要作用。从最初只能依靠天然火进行取暖、照明、煮食，到有意识地保存火种并学会引火，再到掌握人工取火的方法，火的发现和使用可谓是原始人在谋求生存的劳动中的重要突破，标志着原始人已经掌握了一种改造自然的更强有力的手段。当动物还在靠自然吃饭、靠自然生存时，原始人已经逐渐开始根据自己的需要来利用自然的力量了。

## 二、劳动的成长

当人类逐渐学会了种植农作物和驯养家畜，人类社会就进入了农业文明时期。渐渐地，手工业也开始出现，人类再也不用因自然环境的变化而不断迁徙，慢慢过上了定居的生活。

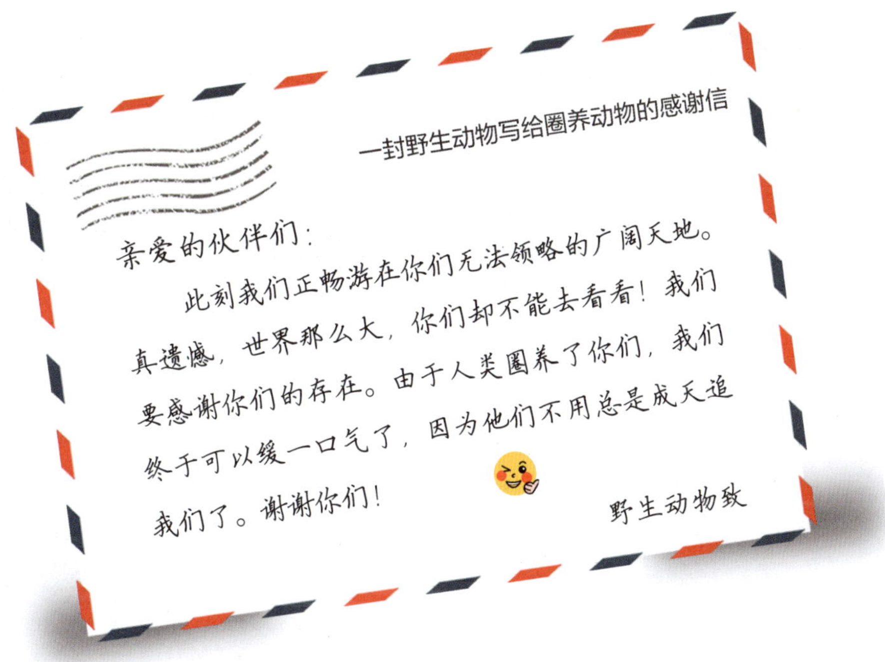

一封野生动物写给圈养动物的感谢信

亲爱的伙伴们：

此刻我们正畅游在你们无法领略的广阔天地。真遗憾，世界那么大，你们却不能去看看！我们要感谢你们的存在。由于人类圈养了你们，我们终于可以缓一口气了，因为他们不用总是成天追我们了。谢谢你们！

野生动物致

进入农业文明之后，人类的生活和劳动又是什么样的呢？这次，我们可以从一些珍贵的历史文物中直接找到答案。

**探究与思考**

下面，让我们走进《清明上河图》，去寻访各式各样的劳动者，看看他们都在干些什么。

《清明上河图》是北宋著名画家张择端的作品，是中国十大传世名画之一。作为北宋时期的风俗画，它生动地记录了 12 世纪北宋都城汴京（又称东京、汴梁，今河南开封）的城市面貌和当时社会各阶层人民的生活状况，是汴京当年经济繁荣的见证，更是北宋时期形形色色劳动生活的写照。

## 拓展阅读

沈从文曾专门研究张择端《清明上河图》中人物服饰特征，他认为图中呈现的丰富多样的服饰，反映了北宋时期繁荣兴盛、分工细密、生机勃勃的百姓生活。右图所示的人物活动以及形象，均采自《清明上河图》。

《清明上河图》描绘了北宋时首都汴梁城外沿河市廛（chán，泛指城邑民居——编者注）、商店、百工、百业生产交易情况及河中船只往来水上景象。当时汴梁百十万人民，日常消费量大得惊人，以民用米粮、牲畜饲料计，每年即需六七百万石（一石约为 60 千克——编者注），大部分是靠运河由江南一带用右图中描绘的船只数千艘陆续运来。陆行搬运百货物品，则靠右图中所见车辆。

在《清明上河图》中，还可见到许多行业小市民。由于职业身份不同，他们的衣着特征也各有本色、特征鲜明。其中，体力劳动人民的衣服多短不及膝或仅及膝。部分劳动者身穿交领衣，用条带束腰。劳动者脚下大多穿着麻鞋或草鞋。

资料来源：沈从文《中国古代服饰研究》（有删改）

在传统的农业社会，人类劳动主要以体力劳动为主。因此，在繁华热闹的汴京城里，到处可以看到各种各样的使用人力劳动的情景，体力劳动是当时主要的劳动形态。而到了第一次工业革命时期，这种情况发生了变化。18 世纪 60 年代，哈格里夫斯发明了手摇纺纱机，即珍妮纺纱机。珍妮纺纱机用人力作动力，使纺织效率提高了 40 倍以上，由此揭开了工业革命的序幕。18 世纪 80 年代，瓦特制成了改良式蒸汽机，并得到迅速推广。机器开始取代人力，大规模的工厂化生产逐渐取代个体手工业劳动，人类社会由此进入了蒸汽时代。这场工业革命不仅是一次伟大的技术革命，也是一场深刻的社会变革。

工业革命不仅是伟大的技术革新，也在生产关系、社会制度上给人类带来了巨大挑战。机器的发明和使用，一方面将人从琐碎的劳动中解放了出来；另一方面却也导致了大批从事手工业的劳动者破产，工人面临工资下跌甚至失业的困境。19 世纪初，资本家因占有绝对的资源，便肆意剥削和压迫工人，这也导致了工人阶级的不满和反抗，工人运动时有发生。卢德运动就是当时影响较大的工人运动之一。

## 拓展阅读

### 卢德运动

18 世纪末 19 世纪初，机器生产以极大的优势迅速冲击手工业劳动，使大批手工业者破产，工人失业，工资下跌。当时许多工人把机器视为贫困的根源，因而用捣毁机器作为反对企业主、争取改善处境的手段。相传英国莱斯特郡有一位名叫卢德的工人，为抗议工厂主的压迫，第一个奋起反抗，带头捣毁织袜机。后来这种范围广泛的、以破坏机器为手段反对工厂主压迫和剥削的自发工人运动，被称为“卢德运动”。

1811 年，诺丁汉郡的袜商不顾行业规矩，使用机器生产一种劣质长筒袜，压低袜子价格，严重冲击了手工织袜工人的正常收入。一些织工秘密组织起来，以“卢德将军”的名义捣毁商人的织袜机，“卢德运动”形成高潮。1812 年，英国议会通过《保障治安法案》，动用军警对付工人运动。随后，政府颁布《捣毁机器惩治法》，规定可用死刑惩治破坏机器的工人。虽然此举遭到了拜伦等少数知名人士的反对，但镇压“卢德运动”的相关法案仍然先后获得通过。同年，在约克郡，政府绞死和流放了破坏机器者多人。

**探究与思考**

现在，我们来模拟一个审判卢德的法庭吧。

原告方为机器工厂主，被告方为卢德。如果你是机器工厂主，你将会以怎样的理由控告卢德？如果你是拜伦，你又将如何为卢德辩护？

请各小组派出代表，分别扮演法官、被告、原告和陪审团成员，尝试站在自己角色的立场上发表看法。

劳动成长带来的挑战，不仅体现在社会变革上，还体现在人与自然关系的渐趋紧张上。人类通过劳动逐渐摆脱了自然的束缚，却在改造自然的同时逐渐走入另一个极端。资源短缺、环境污染、生态破坏的问题越发严重。人与自然关系的日渐恶化警醒着当时的人们，人类发展与自然生态之间不应该是相互对立的关系。不论人类通过劳动变得多么强大，都无法摆脱对自然的依赖。若人类无节制地向自然索取，破坏环境、浪费资源，那么当自然生态不堪重负、无法承受人类过多的索取时，人类的发展也就走到了尽头。

无论如何，以机器大工业生产为标志的第一次工业革命对人类劳动的影响是深刻而巨大的。机器大生产给人们的生活带来翻天覆地变化的同时，也影响了劳动形态的变化与发展。工业革命之后，一部分体力劳动被机器取代，脑力劳动对生产力和整个历史发展的推动作用日益显现，劳动形态也逐渐变得复杂、多样。

第一次工业革命使人类社会进入了快速发展的历史阶段，人类进入“蒸汽时代”。第二次工业革命，人类进入“电气时代”。20 世纪以来，科学技术的新发展使人类社会进入“信息时代”，极大地提升了社会生产力。

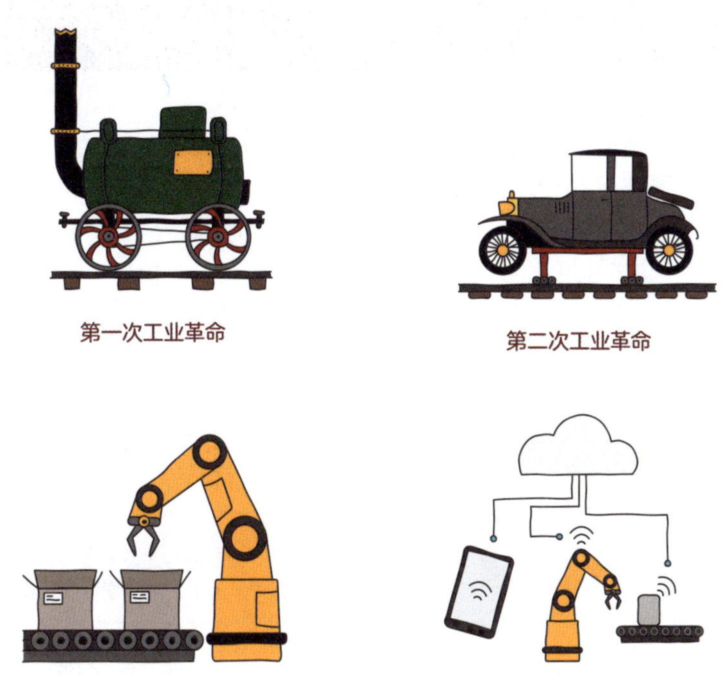

第一次工业革命　　第二次工业革命

科学技术的新发展

随着工业革命的不断演进，人类的劳动形态也变得越来越复杂。进入 21 世纪，随着科学技术的不断进步，许多劳动形态开始远离我们的日常生活，同时新的劳动形态也在不断进入我们的视野。但无论形态如何变化，劳动依然是支撑人类社会运行和发展最重要的支柱。未来，劳动形态会更加丰富多样，我们的生活也会因此更加绚丽多彩。

## 探究与思考

请查阅相关资料，畅想未来的生产方式等。

| 比较内容 | 第一次工业革命 | 第二次工业革命 | 科学技术的新发展 | 畅想未来 |
| --- | --- | --- | --- | --- |
| 时间 | 18世纪60年代开始至19世纪上半期 | 19世纪六七十年代至20世纪初 | 20世纪以来 | |
| 进入时代 | 蒸汽时代 | 电气时代 | 信息时代 | |
| 主要发明成果 | 珍妮纺纱机、蒸汽机、汽船、火车等 | 电灯、电车、电影放映机、发电机、汽车、电话、飞机等 | 电子计算机及互联网、空间技术、海洋技术、各种新材料等 | |
| 动力能源 | 蒸汽、煤炭等 | 电力、石油等 | 电力、石油、原子能、生物能源等 | |
| 生产方式 | 机器生产 | 电气生产 | 自动化和智能化生产 | |

## 拓展活动

### 劳动形态发展的时间轴图

时间轴图就是依据时间顺序，把一方面或多方面的事件串联起来，形成相对完整的记录体系，再运用图文的形式呈现出来。时间轴图可以运用于不同领域，其最大的作用就是可以把过去发生的事情系统化、完整化、精确化地表现出来。

根据内容的不同，绘制时间轴的形式是多种多样的，有环形时间轴、垂直时间轴，还有水平时间轴、S 形时间轴、螺旋时间轴等多种形式。以下是环形时间轴和垂直时间轴的例子。

### 环形时间轴

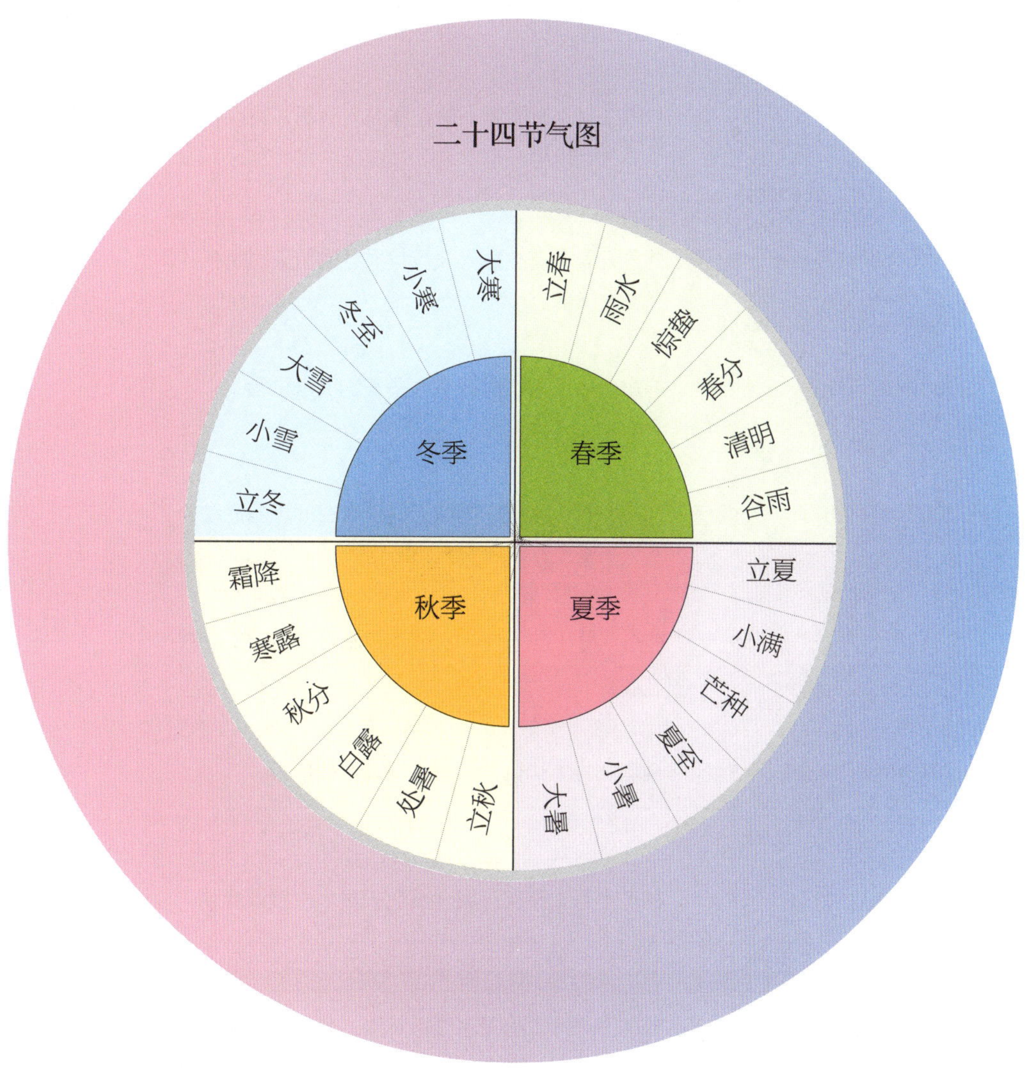

垂直时间轴

中国神舟系列飞船发展历程
发射时间
部分成果
1999
1999年11月20日
神舟一号丨第一次飞行试验，成功实现天地往返
2001
2001年1月10日
神舟二号丨试验第一艘正样无人飞船，首次在飞船上进行了诸多领域的实验
2003
2003年10月15日
神舟五号丨首次载人飞行，乘载的航天员是杨利伟
2005
2005年10月12日
神舟六号丨首次进行多人多天的飞行试验
2008
2008年9月25日
神舟七号丨完成中国航天员首次空间出舱活动
2011
2011年11月1日
神舟八号丨与天宫一号成功实施首次自动交会对接任务
2012
2012年6月16日
神舟九号丨执行首次载人交会对接任务
2013
2013年6月11日
神舟十号丨首次开展我国航天员太空授课活动
2016
2016年10月17日
神舟十一号丨与天宫二号对接，形成组合体

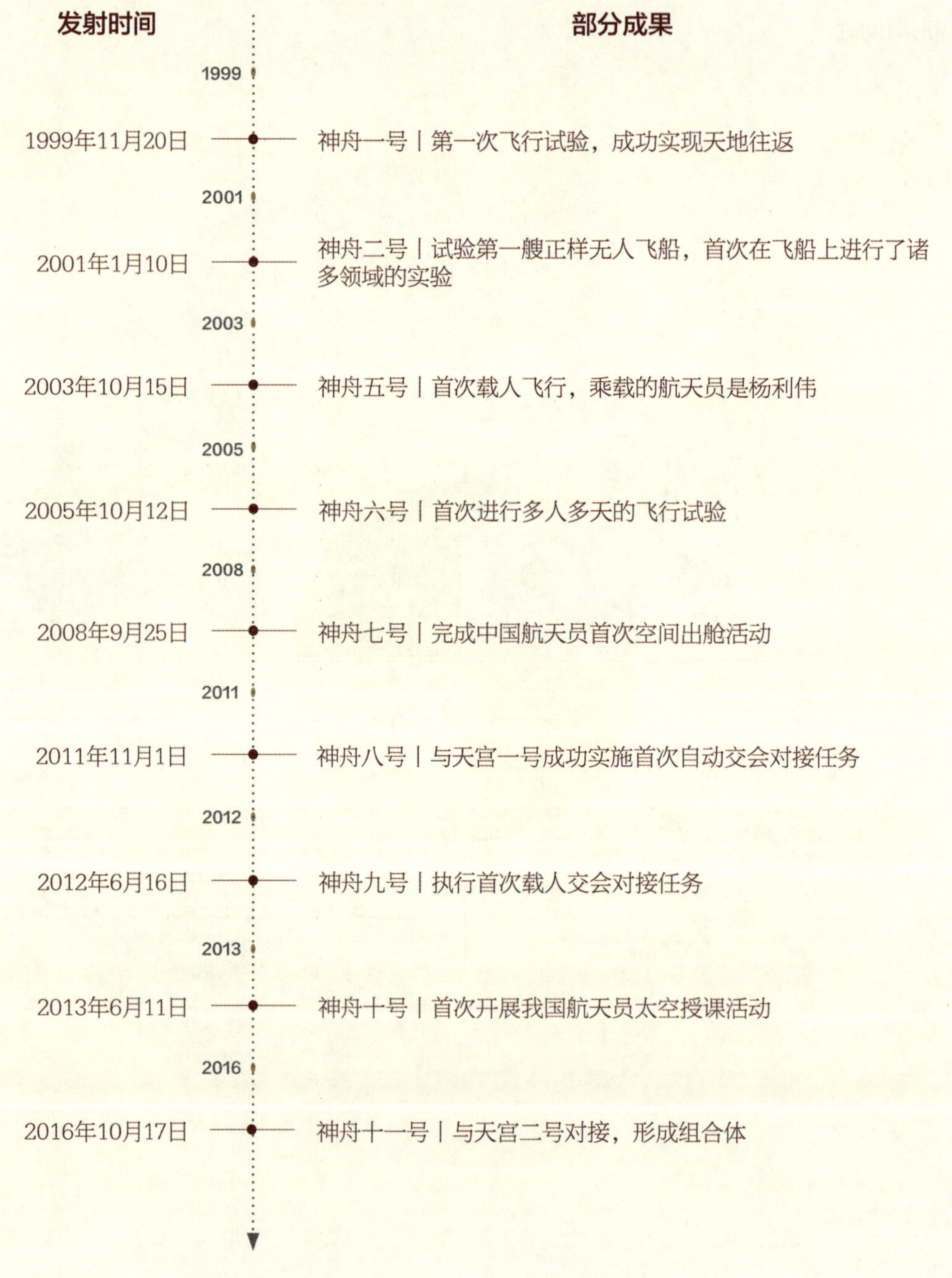

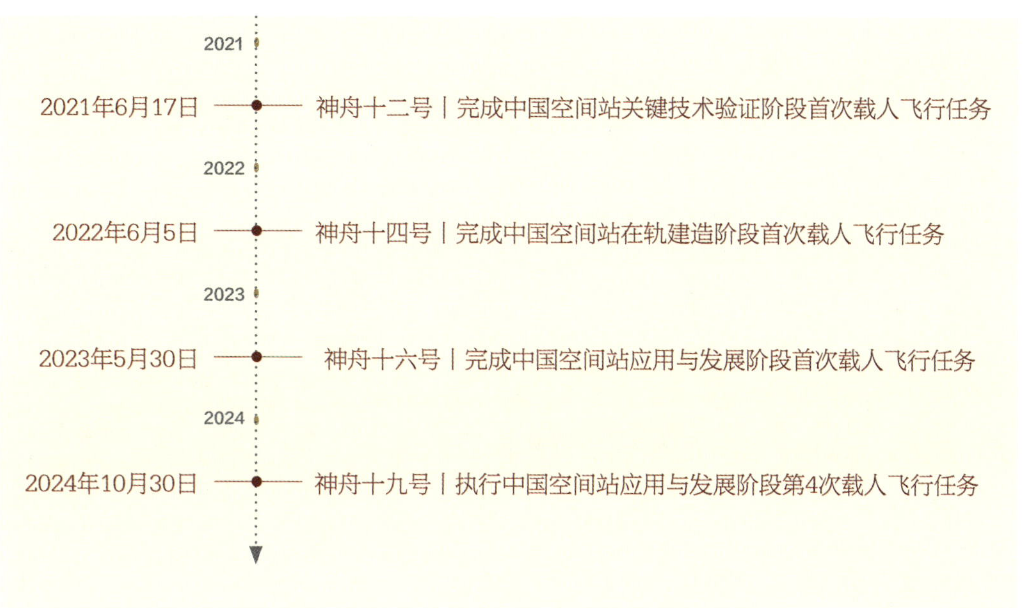


如果我们把整个人类历史作为一根时间轴来呈现不同劳动形态的演进过程，那将有助于我们更加清晰地理解劳动与人类历史发展的关系。你愿意尝试梳理这一脉络吗？

现在，以 3 ~ 5 名同学为一组，根据本课的内容，再查阅相关资料，选择一种合适的绘制方式，尝试制作一张劳动形态发展的时间轴图，并和其他组同学制作的时间轴图进行比较，说说不同形式的时间轴图各有什么特色。

主题实践活动

# 我劳动，我环保，我快乐

一、活动主题

我劳动，我环保，我快乐。

二、活动宗旨

通过主题活动，提高环保意识，并体验劳动生活、学习劳动技能、领悟劳动价值。

三、活动时间

2 周。

四、活动主体

全班同学。

五、活动实施

1. 寻找生活中较为突出、亟待处理的污染问题。

全班同学自由组合成若干小组（也可按照既有的班级分组），确定组长。各组首先完成“污染现象”寻找活动，发现生活中有哪些污染源，完成拍照以及文字记录，在规定时间内完成小组汇总。

2. 通过全班讨论、民主协商，最后确定班级要解决的污染问题。

3. 针对已确定的污染问题，探讨保护环境的措施。

小组共同探讨，研究出本小组的环保策略，做好相关记录。各小组在班会课上进行汇报交流，并汇总形成班级的解决方案。

4. 完成实践活动。结合小组实际，具体落实班级的解决方案。

拍摄记录小组的实践过程，特别要注意表现本次活动前后的环保效果差异，上传到班级网络平台。其中，效果特别好的作品，还可以通过自媒体向全社会传播。

5. 总结表彰。评选本次活动中有突出表现的“环保卫士”“最美劳动者”，出一期班级板报，张贴“环保卫士”和“最美劳动者”照片，并配上文字介绍。

# 2

# 璀璨的星空

在人类历史的长河中，劳动形态也是不断演进的。

通过本单元的学习，我们可以了解劳动形态的变迁，探讨不同劳动形态及其价值，形成尊重劳动、平等对待不同劳动者的价值观。

# 第一课 千姿百态的劳动世界

* 当今社会，劳动已呈现出千变万化、丰富多彩的形态。
* 哪些劳动形态是历史上曾经存在但已经退出历史舞台的？又有哪些劳动形态从古至今一直延续着呢？
* 随着生产力与生活新需求的不断涌现，当代社会又会出现哪些新的职业呢？

## 一、传统劳动和职业演变

中国自古以来就有对职业的划分。“士农工商四民者，国之石（柱石）民也。”根据《管子·小匡》的记载，春秋时期，士、农、工、商是当时最重要的四个职业。到了唐朝，开始出现“三十六行”的记载。而明朝的《白兔记·投军》和《初刻拍案惊奇》中则出现了“三百六十行”的描述。当然，“三百六十行”的说法，也许只是文言文记载中的概数。但由此不难发现，随着社会分工的不断细化，职业种类已经变得越来越多。

### 拓展阅读

清代乾隆年间，皇帝颁旨命宫廷画师绘制长卷《百工图》，内容囊括了当时社会各行各业的生活状态，是一部记录社会民生的百科全书。在河北省张家口市蔚县夏源的关帝庙内，有保存非常完整的《百工图》壁画。

《百工图》由一幅幅墨线隔开的小幅画组成，每幅内容不同，均有毛笔题名。题名或三字，如豆腐房、剃头房、饧糖房、饼面铺、弓箭铺、铸铁铺、切烟铺、毡帽铺、粟粮店、漂布店、生药店、柳器店、漏粉局、裱糊局、估衣局、成衣局、首饰楼、分金楼、哑医堂、砖瓦窑、黄纸坊、锡工行、泥工行、书籍斋、读书林，等等；或四字，如烟火炮铺、杂货俱全、脂肉俱全、水中生色、描画丹青、游巷贸易、改换缨帽、精选木料、修造渡船、修造轮舆、修造风匣，等等。

探究与思考

根据《百工图》的介绍，找一找有哪些你以前没有听说过的职业。上网搜集资料，向同学们详细介绍一种你以前不知道且现在已经退出历史舞台的职业，以及这一职业消失的原因。

有些职业已随历史的发展逐渐消失，但有些职业一直延续至今，仍然在我们的生活中发挥着重要的作用。只不过随着社会的发展，这些职业的工作环境、工作内容或者使用的劳动工具发生了一些变化。

探究与思考

如果很多我们熟知的历史人物仍然生活在今天，那么他们各自都是什么职业呢？如孔子、张骞、张衡、诸葛亮、李清照、孙思邈、玄奘……请为你感兴趣的历史人物各制作一份“职业档案表”。

## 二、当代劳动与日常生活

还记得山顶洞人的生活吗？狩猎、捕鱼、采集野果、睡山洞……

相比之下，现代人的一天也许更加忙碌，但也更加丰富多彩。我们在辛勤工作、服务社会的同时，也在享受着无数劳动者给我们提供的生活资料和优质服务。下面，让我们看一看现代人一天的生活到底需要哪些劳动的支持。

### 拓展阅读

01

早晨，我们洗漱、吃早餐时经常会浏览网上的资讯，开启新的一天。

02

出行方式自由选择。我们可以乘公交上学，也可以选择共享单车，扫码即可使用。时间来不及时还可以打开约车软件，出门前约好车，等到达约定的地点，车也差不多到了。

03

午餐时间，食堂会提供美味佳肴。如果我们想换换口味，也可以用手机点个外卖。

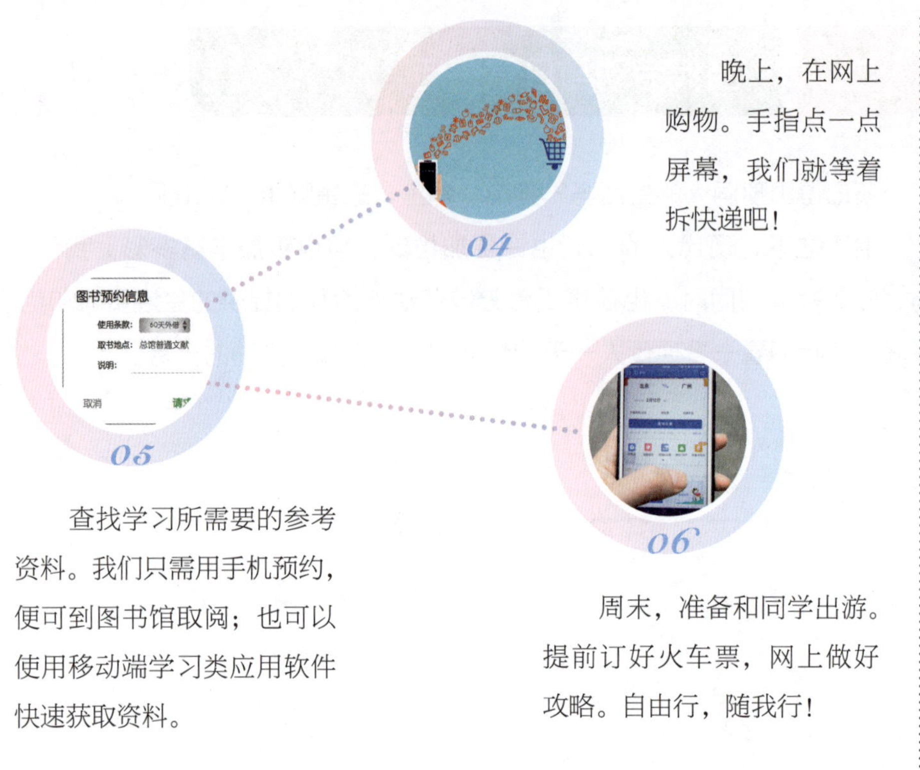


晚上，在网上购物。手指点一点屏幕，我们就等着拆快递吧！

查找学习所需要的参考资料。我们只需用手机预约，便可到图书馆取阅；也可以使用移动端学习类应用软件快速获取资料。

周末，准备和同学出游。提前订好火车票，网上做好攻略。自由行，随我行！

**探究与思考**

手机已经成为我们日常生活中必不可少的工具。数一数，你的手机里一共有多少个应用软件？你使用它们的频率大概是多少？对比长辈的手机，你能发现什么区别吗？

身处信息化时代的我们，每天都在享受着大数据、云计算带给我们的智能化生活。以前人们必须亲自到商店挑选商品，现在打开购物软件我们就能足不出户选购个性化的商品；以前到一个陌生的地方，人们可能需要通过太阳辨别方位，现在我们可以随时打开手机地图进行导航；以前人们出门时要带着鼓鼓囊囊的钱包，今天我们可以直接在自动售货机上扫码购物……生活方式的飞速变化也必然带来职业类型的不断变迁。

## 拓展阅读

2022 年，人力资源社会保障部向社会公示了新修订的《中华人民共和国职业分类大典》。与 2015 年版大典相比，在保持八大类不变的情况下，新版大典增加了法律事务及辅助人员等 4 个中类，数字技术工程技术人员等 15 个小类，碳汇计量评估师等 155 个职业（含 2015 年版大典颁布后发布的新职业）。

2024 年 7 月，人力资源社会保障部向社会发布：生物工程技术人员、口腔卫生技师、网络安全等级保护测评师、云网智能运维员、生成式人工智能系统应用员、智能网联汽车测试员等 19 个新职业，以及汽配销售经理人、直播招聘师等 28 个新工种。此前，从 2019 年到 2022 年，人力资源社会保障部已陆续发布了 5 批共 74 个新职业。

## 探究与思考

你对哪些新职业感兴趣？查找资料，了解其工作内容和工作特点，说说你喜欢这些职业的理由。

## 三、新需求与新职业

新职业的不断涌现，折射了经济社会发展的新变化、新趋势。当前，我国社会主要矛盾已经转化为人民日益增长的美好生活需要和不平衡不充分的发展之间的矛盾。人民群众期盼有更好的教育、更高水平的医疗卫生服务、更舒适的居住条件、更丰富的精神文化生活等。

## 拓展阅读

### 健康照护师：托起“一老一小”健康生活

健康照护师是家政服务行业迅速发展催生的一种新职业。越来越多的既懂健康照护又懂生活照料的健康照护职业人才，走进家庭、医院、社区和养老机构等，为照护对象提供较高品质的健康生活服务。

健康照护人员会上门为老人助浴、康复按摩、修脚理发、清洁打扫……早上 9 点，某养老服务驿站的小赵开始了忙碌的一天。小赵是这家养老服务驿站的站长助理，也是一名健康照护师。虽然是一名“95 后”，但小赵的照护经验却很丰富。粗略估计，她已经服务过近千位老人。

据小赵介绍，她所在的养老服务驿站客户需求量很大，经常供不应求，像她这样经过专业培训的人更是备受欢迎。

着眼未来，我国“一老一小”健康照护人员缺口大，健康照护师市场需求可观。

## 探究与思考

请你查阅《健康照护师（长期照护师）国家职业标准》，了解健康照护师的主要工作有哪些，健康照护师与传统护工的工作有什么不同，又是什么导致了这些不同。

新需求催生新职业，新职业助推新业态。健康照护师等新职业的不断涌现，不仅是顺应市场需求、解决群众急难愁盼问题、满足美好生活需要的结果，也反映了相关产业结构的优化升级。每个职业的良性发展既需要劳动者不断提升专业能力，也需要职业标准的建设与不断完善。

**家政服务业步入万亿级市场，更多“好阿姨”正在加速培养**

随着我国新型城镇化加速发展、人口老龄化日益加剧，居民家庭以育儿养老为主体的家政服务消费需求不断攀升，家政服务业得到了快速发展。据统计，截至 2024 年 8 月，我国家政服务从业人员已经超过 3 000 万人，行业企业 100 多万家，行业规模超过 1.1 万亿元。

有家政服务平台调研显示，目前消费者对家政服务的需求趋向多样化和专业化，除了基本的做家务和带孩子外，宠物护理、医疗服务、文化生活规划服务等需求显著增长。而具备良好职业化素养的家政员，月薪普遍比市场平均薪资高。

为加快推进家政服务职业化建设，人力资源社会保障部等 7 部门发布了《关于加强家政服务职业化建设的意见》（以下简称《意见》），提出加强家政服务职业化建设的 10 条任务举措，以便更好地满足人民群众的家政服务消费需求。

《意见》明确提出，要适应经济社会发展和居民生活对家政服务需求变化，适时增设和制（修）订家政服务相关职业（工种）国家职业标准；进一步完善家政服务职业分类体系，拓宽职业发展通道；完善家政服务职业评价机制和评价体系，积极推进家政服务社会化职业技能等级认定；鼓励家政企业、家政培训机构引导家政服务从业人员参加职业技能等级认定并获取职业技能等级证书。

**探究与思考**

请你查阅资料并思考，“好阿姨”的标准是什么？要成为“好阿姨”，需要掌握哪些知识和技能？

当代社会，职业的快速变迁反映的是生产力进步所带来的劳动形态的不断变化。对于新一代劳动者而言，这是机遇，也是挑战。

## 拓展活动

画一张关于劳动的思维导图

下面是一张以“水果”为中央关键词的思维导图。参照此图，请你根据所学的知识，以“现代人的一天所接触的劳动”为中央关键词，做一张思维导图，梳理我们在一天当中都会遇到哪些劳动。次级关键词可以从时间（如早、中、晚）或空间（如家里、学校、商场、餐馆等）等维度展开。

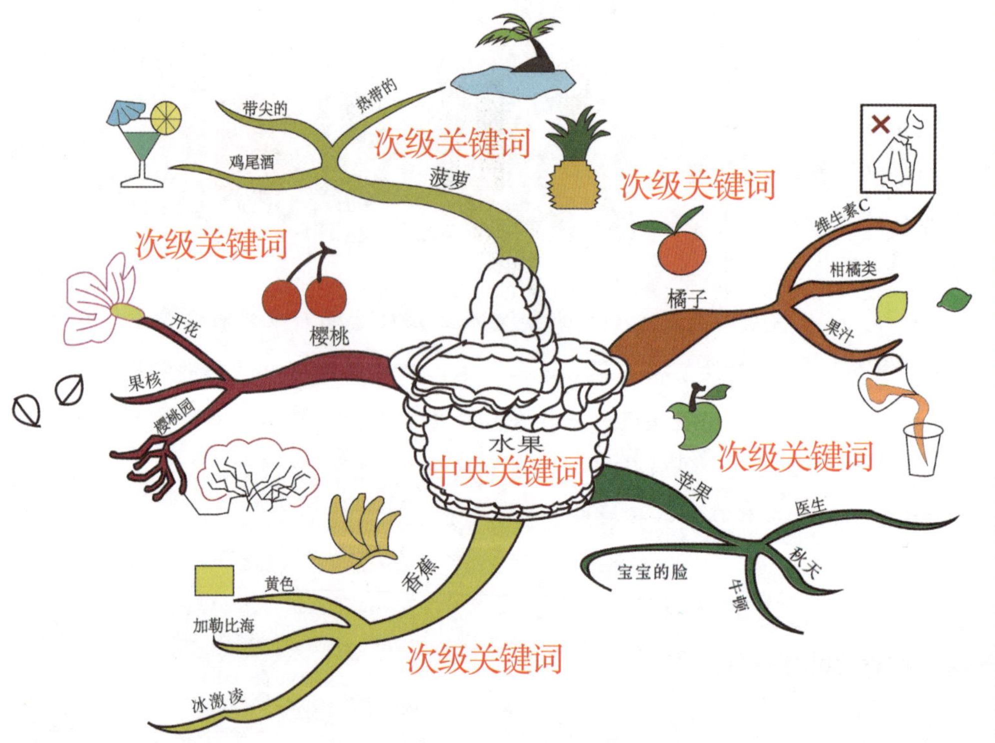

# 第二课 劳动世界的新特征

* 随着生产力的不断发展，劳动形态也日益复杂，呈现出不同以往的特点。
* 当代社会新的劳动形态有哪些突出特征？
* 新型劳动是怎样为社会发展注入新活力的？

随着生产力的不断发展，社会分工越来越细，劳动形态也日益复杂，呈现出不同以往的特点。

## 一、劳动的专业性不断提高

当我们观看国庆阅兵的直播时，受阅方队经过主席台前，领队铿锵有力地喊完“向右看”后，镜头转向整个方阵，受阅官兵提枪、转头、敬礼，恢宏的场景效果让人热血沸腾；当春晚的十二点钟声响起前，电视机前数名主持人依次送上祝福，钟声响起时屏幕切换为喜庆的红色调背景画面，之后是全场镜头，喜气洋洋的热闹氛围使观众们沉浸在新年的喜悦之中……你可知道，在这些我们习以为常的经典镜头背后，凝结着幕后切换导演高难度、高强度的付出。

对于切换导演来说，“分秒不差”是最基本的要求。切换导演是整场直播的核心。所有观众能看到的画面，都由他们进行现场切换。只有准确切换最应该切换的镜头，才能播出最好的视频画面，否则精彩瞬间就会与观众失之交臂，影响直播的效果。为了给出合理的镜头，切换导演左右手配合；几秒内连按数键，切换三四个镜头。如果是可以提前预想的还好，但直播中总有突发情况和一些不可控因素，镜头切换要凭导演丰富的工作经验形成“直觉”。

有些直播节目长达数小时，切换导演平均每小时按键次数超过 1 000 次，给出数百个镜头，整场都要双手左右开弓，分秒不差。由于连续按键，导演的手指肚儿经常会磨出泡。而对于他们来说，更大的辛苦是持续的精神紧绷。要连续几个小时盯着数十个监控屏幕，寻找最适合的画面并准时切换，不能有一丝差错。正是有了切换导演在幕后的运筹帷幄、辛苦付出，我们才享受到了一场场视觉盛宴。

现代社会，像切换导演这样专业性强、技术难度高的职业还有很多。当今时代，随着生产技术的不断提高，社会分工日趋精细，劳动的专业性不断提高。比如，在过去，只靠观察、模仿就能学会的插秧、种植等农业劳动，在实现机械化、智能化的今天，则需要通过掌握更多的农业科学、机械操作以及智能自动化等方面的知识来实现。

**不简单的农业经理人**

农业经理人指的是在农民专业合作社等农业经济合作组织中，从事农业生产组织、设备作业、技术支持、产品加工与销售等管理服务的人员。

那么，成为农业经理人的基本要求有哪些呢？

一是品行端正、遵纪守法，具有较强的责任感和事业心，有较强的组织观念和职业道德。

二是热爱农业，愿意扎根农村，致力于发展农业产业的优秀人才。

三是工作能力强，具有经营管理、投融资、乡村振兴等工作经历，熟悉现代经营管理知识，具有较强的分析研判、经营管理、沟通协调和项目运作能力。

四是具有丰富的农业生产经验，了解农业生产的特点。

生产的发展、科技的进步、社会分工的细化，带来的是对劳动者从业专业性要求的不断提高。为了能够成为专业领域的行家里手，我们需要不断学习，掌握所从事领域的基本知识、核心技术和创新趋势，努力成为专业领域内的行家里手。

**把脉城市“生命线”的管廊运维员**

在每个城市的地下，都会有一个封闭空间，这里集燃气、电力、给水、热力、通信等各种管线于一体，是保障城市运行的重要基础设施和“生命线”，支撑着城市的正常运转。

在某市的地下深处，头戴安全帽、脚踩安全鞋，管廊运维员小高正紧张地忙碌着。“地下综合管廊设有燃气、电力、给水、热力等城市‘生命线’，而我们是这些‘生命线’的守护者。”小高介绍，管廊运维员是2021年发布的新职业，与传统维修工不同，该职业要同时掌握弱电、强电、数字化等多方面技能，“管廊内光是传感器就有四五种，各种设备的检测、维修都要会”。

小高坦言，随着智能化程度的提升，管廊运维员还要学习更多的新知识。“我认为综合管廊建设是城市综合治理中的一种大趋势。在未来，水、电、气、热等管线都会接入地下管廊，方便居民出行，改善城市景观，提升城市综合治理能力。”

## 二、消费性劳动日益增多

以前，劳动几乎等同于“生产性劳动”。现在，社会生产力正在以前所未有的速度向前发展，由此带来了社会财富的快速积累、人们劳动时间的不断减少和闲暇时间的日益增加，劳动与消费相互融合的趋势也越来越明显，这大大拓展了已有的劳动的概念。

**点亮“田园梦想”**

客人入住当天，提前去村口迎接，引导泊车；带着客人进村，介绍村子和民宿概况；根据客人需要为其安排周边游览和民俗体验活动；闲暇时间通过线上直播推广本地的农特产品……民宿管家小赵一天的工作十分充实。

在小赵看来，民宿管家涉及的工作面很广，包括对客服务、经营、线上推广等，需要具备较强的综合能力。比如，有些地方四季温差较小，民宿客源比较稳定，民宿管家主要做好对客服务。有些地方冬天就是淡季，身兼多职、提升人效，就显得更为重要。另外，不同风格的民宿对于管家的职业技能要求也有不同。比如，有些民宿注重软装和室内布置的个性化，那么有插花技能、有文化底蕴的“多面手”往往更有竞争力。

民宿管家这一新职业群体快速壮大的背后，是乡村旅游市场的蓬勃发展。小赵说：“乡村文旅带来的发展空间，将为年轻人施展才华提供广阔天地，民宿管家的队伍会不断扩大。很开心能从事民宿管家这样一份职业。这让我既享受了在家乡工作生活的便利，又进一步增强了对职业的获得感。未来，我将不断加强职业技能培训，进一步提升个人能力，在参与乡村振兴的新征程上，更好地实现人生价值。”

劳动与消费的紧密结合，更好地满足了消费者个性化、多样化、品质化的消费需求，增强了人民群众的获得感与幸福感。消费者在消费过程中更看重体验感和情绪价值，这也使得消费场景和消费环境的质量成为影响消费者消费意愿的主要因素。养老托育、家政服务、文旅体育等满足人们美好生活需要的劳动受到越来越多的关注。

**陪诊师：让孤独患者有依靠**

几楼就诊？哪一层做检查？打印报告又在哪儿？很多人到医院看病会遇到这些困扰。对独自就医的患者，尤其是老年患者来说，面临的不便可能更多。陪人看病、替人取药、帮人问诊等一系列陪诊服务在各大城市兴起，陪诊师这一新兴职业也应运而生。

35 岁的小林此前在某医院当了 7 年护士，后来转行成为一名专职陪诊师。做陪诊师快一年了，小林收获了太多温暖与感动，她也在一次次的陪诊中坚定了自己的追求。“我经常在医院看到年迈的夫妻二人做伴儿或老人独自就医的场景。他们不熟悉电子设备，也不会网上挂号，经常迷茫地在人来人往的医院大厅里徘徊。能够通过自己的工作，设身处地地帮助病人，让我感到非常充实。”小林说。

在陪诊过程中，安抚患者的情绪也是陪诊师的重点工作。“病人往往是很脆弱的，独自看病的老人更是倍感孤独。”小林说，在就诊等待的过程中，她一般都会和病人聊天，帮助他们放松心情，日常陪诊也会通过接送服务来缓解患者就诊的孤独感。目前，小林正在学习心理知识，希望通过短暂的陪诊相处，对患者进行心理疏导，让他们卸下心理包袱，安心就诊。

**探究与思考**

请你查阅相关资料，了解陪诊师有哪些工作职责，需要具备哪些职业能力。你还知道有哪些提供情绪价值的职业？

在劳动世界里，传统生产性劳动为我们提供了衣食住行等基本保障，今天，劳动与消费的结合在我们的生活中发挥着越来越重要的作用，不断满足我们对更加美好生活的追求，这也为我们提供了更多的就业选择和发展空间。作为劳动者，我们需要不断学习新知识、新技能和新理念，以适应职业发展的变化；需要关注市场动态和消费者需求的变化，及时调整自己的职业规划和发展方向。同样，作为消费者，我们会面临越来越多的选择。我们既要学会做一名好的劳动者，也要学会做一名理性的消费者。

**文旅新赛道**

买上几款心仪的“周边”小物件，品尝一道有特色的美食或者亲身体验文创制作，成了当下人们旅游的“标配”。近年来，各地政府大力支持文创产业发展。

随着近年来文创热、冰雪热、露营热、研学热的持续升温，文创产品策划运营师、滑雪巡救员、休闲露营地管家、研学旅游指导师等新职业、新工种应运而生。新职业、新工种的诞生不仅丰富了旅游行业的职业种类，也拓宽了旅游产业链条。例如，研学旅游指导师等职业的出现，使旅游行业能够更好地与教育、科技等领域融合发展，在行业内形成了新的亮点。

对文化和旅游领域的从业者而言，机遇与挑战并存。例如，有的露营项目由于营地缺乏规划，不仅对当地生态环境造成损害，还存在安全隐患。

## 三、劳动的综合性程度加深

唐代诗人杜牧的这首《过华清宫》描绘了为杨贵妃运送荔枝的“名场面”——一骑红尘妃子笑，无人知是荔枝来。我们都知道，荔枝是极不易保存的鲜果，“一日而色变，二日而香变，三日而味变，四五日外，色香味尽去矣”。运送这样的鲜果，速度当然非常重要。那么，地处长安的杨贵妃是怎么吃到“红颜易逝”的新鲜荔枝的呢？

**唐代快递路线图**

杨贵妃能够吃到千里之外的荔枝是唐代馆驿系统的功劳。唐代建立了健全的馆驿系统，每隔数十里置有一驿，昼夜不息，一日可行五百里。也只有这样，荔枝果农采摘的“贡品”才能依靠古代的驿使在驿站不停换马，将荔枝及时运到长安并送入皇宫。

**当代快递系统**

在今天，覆盖全国的物流网使荔枝搭乘快递系统运往全国各地成为现实。遍布城乡的快递揽投点，方便了人们寄送荔枝。果农在当地打好包裹，以最快的速度发往机场、车站等交通枢纽。然后通过冷链专车或航空飞机，分发全国。荔枝运至全国各地的快递网点后，再经由快递员及时、准确、高效地配送到每一位消费者手中。现代物流网的高速运转，保证了新鲜荔枝得以高效地被运往全国各地，天南海北的食客都能尽享荔枝的鲜美。

对比古今的荔枝运输过程，我们可以更加清晰地看到当代社会劳动的“跨界”特征。从果农到快递揽投员，再到运输的司机、机长，再到快递配送员，劳动正在经历空间上越来越复杂的“跨界”；从为物流系统提供运营维护服务的工程技术人员以及协调物流运作的调度人员等，我们也能发现脑力劳动与体力劳动之间正在不断融合。正是这些劳动者的相互配合，才提高了劳动的效率。

劳动分工越是精细，不同劳动之间的协作要求就越高。小到一颗荔枝，大到飞驰的高铁，无论是有形的商品还是无形的服务，大部分都要由复杂的劳动系统支持。不同劳动者虽然在劳动分工中的角色上有所差异，但彼此间在劳动中的有机结合已成常态。

**直播带岗（线上就业服务）**

2024 年在人力资源社会保障部发布的最新一批新职业中，新增了直播招聘师这样一个新工种。数十万名直播带岗的主播们如今有了新身份。

小伟是一家网络直播平台的直播招聘师。他的直播间主要为求职者提供电焊、家政、物流等工种的用工需求。为了让求职者更好地了解、认识工作岗位，直播招聘师小伟还按照

“人—货—场”模型搭建直播间，真实还原实际工作场景。

一端是广大求职者，一端是用人企业，直播招聘师作为中介桥梁，还需要完成两端的资质审核和互相匹配工作。直播招聘师小伟表示，直播招聘师不仅要具备直播经验，更重要的是，必须兼顾专业性和娱乐性。“入职前，我系统接受了短视频剪辑、运营投流、设备调试等多项培训，从新手到熟悉工作至少需要大半年。”他说。

随着复合型劳动的日益增多，社会对复合型人才的需求也会日益迫切。劳动者不仅仅需要具备精深的专业素养，还常常需要掌握多项技能。通过学习和实践不断锤炼自己，成为一名复合型人才，才有可能更好地参与当代劳动实践，实现个人价值与社会价值。

**上班用刀，下班用笔**

小马是一家宠物医院的医生，下班后会将宠物医院的工作内容画成漫画，向大家讲授一些宠物知识，这种形式受到众多读者的欢迎。用小马的话来说，“我画漫画和做兽医的状态是完全糅合在一起的”。

小马对于绘画的热爱在少年时期就已经显现出来了。在求学期间，她开始兼职画漫画。上班后，她白天认真工作，同时坚持用业余时间画漫画。“医画两栖”的生活方式让她毕业后的生活变得丰富多彩。

无论是传统劳动还是新型劳动，简单劳动还是复杂劳动，生产性劳动还是消费性劳动，每一种形态的劳动都有其独特的价值与意义。正是因为这些丰富多彩的劳动形态，这个世界才变得更加美好。

### 探究与思考

你认识拥有多重职业身份并具有跨界技能的朋友吗？上网搜索相关资料，寻找这样的青年，了解他们的职业。与传统单一的职业形式相比，这些青年的工作有什么特点？想一想，你将来愿意成为一名这样的青年吗？

## 拓展活动

在第二届中国国际供应链促进博览会上，智能手机的部件正在被拆解展示，零部件制造、包装等细分行业携手亮相展台，现场展示复杂又神秘的供应链分工。从手机设计开发到组装配送的全球分工，我们不难发现劳动形态正在经历空间上的“跨界”，一部智能手机可能经历了一场全球之旅。

现在，以 3 ~ 5 名同学为一组，以一款手机为例，尝试制作一张智能手机设计开发、组装配送的全球分工图。看看在不同环节涉及哪些类型的劳动，智能手机生产的全球分工有哪些优势与风险。

# 第三课 未来已来

* 技术革命给人类劳动带来了哪些深刻的变化？
* 在智能时代，我们如何认识劳动的价值？
* 作为新时代的劳动者，我们该如何积极应对这些变化？

当人们还在为科幻片中充满未来感的“硬核”科技与“新奇”劳动惊叹时，许多劳动世界的“未来”已悄然走进我们的现实生活。

## 一、高科技属性的人类劳动

人类历史上，科学技术始终扮演着推动劳动形态发展的关键角色。从 18 世纪的机械化，到 19 世纪的电气化，再到 20 世纪的信息化，每次重大科技创新与技术变革都深刻地塑造了人们的社会生活与劳动形态。进入 21 世纪，信息技术革命更是孕育出了一大批更智能、更高效、更低碳、更安全的新型生产工具。

### 拓展阅读

**六个月宝宝做手术，用上了机器人**

2023 年 4 月，6 个月大的亮亮（化名）因身体不适来到医院，被确诊患有双主动脉弓。

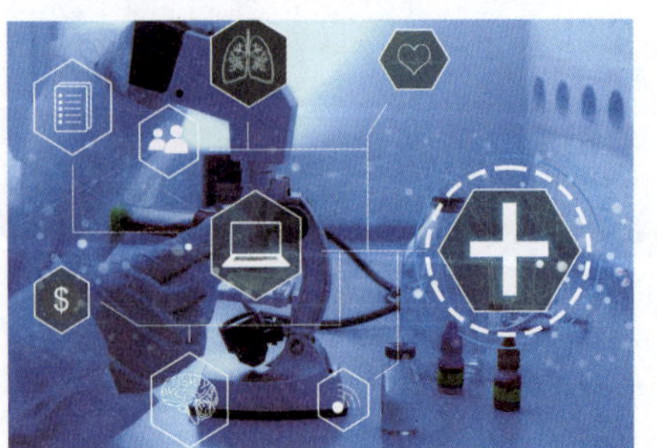

以往进行双主动脉弓开胸手术需要在患者皮肤上留有至少 4 厘米的伤口，还要打开肋间隙，断开肋间肌肉。因此，传统的双主动脉弓开胸手

术会造成患者肌肉损伤、疼痛明显。愈合后虽然可以恢复功能，但肌肉损伤不仅会产生瘢痕，还会使肌肉活动受限。与传统的手术方式相比，机器人辅助外科手术系统只需在患儿的腹腔开若干个小孔，每个创口仅有8毫米。这种手术创口小，患者肌肉损伤少，疼痛感减轻，患者恢复速度也会相对快一些。

最终，医院使用机器人辅助外科手术系统，顺利为这位6个月大的小患者完成了手术。

当前，全球科技创新进入空前密集活跃的时期，新一代信息技术、生物科技、新材料、新能源等广泛渗透，带动了以数字化、智能化、绿色化为特征的产业与技术变革。人类劳动形态正发生着前所未有的革命性和颠覆性变化。

拓展阅读

**"异军突起"的新三样**

相较于服装、家具、家电等出口"老三样"，近年来，以新能源汽车、锂电池、光伏产品为代表的"新三样"，正驰骋在新赛道上，在出口市场的表现尤为亮眼，为中国经济高质量发展提供新动能。数据显示，2023年，我国"新三样"产品合计出口1.06万亿元，首次突破万亿元大关，增长了29.9%。

"新三样"与"老三样"，浓缩着时代变迁，记录着发展足迹。

改革开放以来，我国主动参与国际产业分工，以劳动力充足、用工成本低、能源资源价格便宜等比较优势，积极吸引外资，面向国际市场，大力发展劳动密集型产业，"老三样"由此快速发展。近年来，我国又抓住新一轮科技革命和产业变革机遇，主动推进结构优化、动能转换，努力实现创新驱动型发展。在中国经济迈向高质量发展的大背景下，"新三样"生根发芽、茁壮成长。

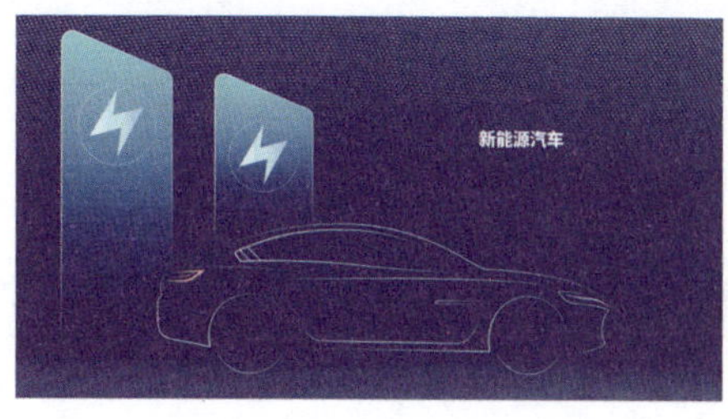

“新三样”走俏是中国近年来推进产业结构优化、“绿色制造”不断升级的结果。中国日益完备的产业链带来的技术创新为中国产业发展释放了新动能。因此，只有不断推动科技创新，我们才能形成新业态蓬勃发展的“燎原之势”，为新技术的应用、集成和迭代提供广阔的空间和舞台，不断推动社会生产力的解放与劳动形态的持续性变化。

### 拓展阅读

什么是新质生产力、如何发展新质生产力？我一直在思考，也注意到学术界的一些研究成果。概括地说，新质生产力是创新起主导作用，摆脱传统经济增长方式、生产力发展路径，具有高科技、高效能、高质量特征，符合新发展理念的先进生产力质态。它由技术革命性突破、生产要素创新性配置、产业深度转型升级而催生，以劳动者、劳动资料、劳动对象及其优化组合的跃升为基本内涵，以全要素生产率大幅提升为核心标志，特点是创新，关键在质优，本质是先进生产力。

新质生产力的显著特点是创新，既包括技术和业态模式层面的创新，也包括管理和制度层面的创新。必须继续做好创新这篇大文章，推动新质生产力加快发展。

——习近平总书记在二十届中央政治局第十一次集体学习时的讲话（节选）

## 二、永不消失的“劳动”

当更多的机器人被应用到工厂流水线，当越来越多的文案可以通过“一问一答”来撰写，当一幅幅精美的海报可以通过海量的算法来自动生成……一个令人困惑的问题便出现了——在这场具有“颠覆性”的技术浪潮中，“劳动”还存在吗？我们又该如何畅想劳动的未来？

**人工智能训练师**

如今，“遇事不决问 AI（人工智能）”正成为越来越多人的习惯。在汽车领域，基于人工智能研发的无人驾驶、自动驾驶等前沿技术也日渐成熟。但是，人工智能并非天生就这么全能，它的这些本领，来自人工智能训练师的“教导”——通过数据采集、标注，并且反复进行训练和测试。

人工智能是实验室走出的科技成果，若要和现实生活结合、造福大众，就需要教会它怎么理解现实中的问题。人工智能训练师担任的就是这样的角色，他们是人工智能产品和使用者之间的桥梁。“我们的工作就是训练人工智能产品，让其更‘懂’人。”人工智能训练师小周说。她平时的工作是根据人工智能产品所处的业务场景，来搭建相应的业务知识数据库，对不同的知识点进行分类、打标签，以及对应答话术进行编辑、优化、维护等。

新一轮技术革命正在深刻影响着劳动形态、影响着劳动者。5G、大数据、人工智能等成为新的劳动工具，人们从过去加工改造有形物，逐步转向加工改造信息、数据这些无形物。但无论科技如何发展、技术如何变革，劳动永远是无法被替代的。

以下是人工智能系统整理出来的人工智能无法取代的劳动：

1. 高度专业化的劳动。例如，科学家和研究人员的科研工作，特别是理论物理、化学等领域的深入研究，需要高度的创新思维和问题解决能力。高级医疗专家的诊断和手术，比如复杂的神经外科手术或心脏手术，需要丰富的经验和精湛的技术。

2. 艺术创作和审美判断。例如，艺术家的绘画、雕塑等艺术创作，这些活动涉及深刻的情感和审美判断，目前的人工智能还难以完全模拟。音乐创作，尤其是古典音乐和爵士乐等需要高度创造性和即兴发挥的音乐类型。

3. 复杂的社交互动和情感支持。例如，心理咨询服务，心理咨询师通过面对面的交流来理解和解决客户的心理问题，这需要高度的共情能力和沟通技巧。教师对学生的教育和引导，特别是对学生进行情感教育和人生指导，这是机器目前难以替代的。

4. 高精度的手工技艺。例如，高级手工艺品的制作，如高级定制服装、精密钟表制造等，需要精湛的手工技艺和独特的审美观念。某些传统技艺，如书法、篆刻等，其艺术价值很大程度上来源于人类的独特性和不可复制性。

5. 危险或极端环境下的工作。虽然人工智能在某些危险环境下可以执行任务，但在某些极端环境，如深海探测、太空探索等，仍然需要人类的直接参与和判断。

**探究与思考**

请你查阅资料并思考，人工智能能够替代的劳动或职业有哪些典型的特点？我们该如何做，才能保证我们的工作不被人工智能取代？

不难看出，虽然伴随着社会发展、技术进步，数字化、网络化已经融入现代劳动方式、生活方式，拓宽了人们对传统意义上“劳动”形态的认知，但涉及情感介入、人际交往、服务性质、艺术性质、需要创造力的劳动者仍然是不可替代的。这也对劳动者提出了新的要求。

数据分析师阿丽在一家互联网公司工作。制图、制表是她工作内容中的一大部分，制表过程较为烦琐，耗费时间多。借助人工智能后，通过与数据直接关联，她能迅速生成图表，省下了近2/3的时间。此外，人工智能还帮助阿丽解决了很多编程难题。借助专业的人工智能大模型工具后，它不仅会给阿丽提供很多代码编写建议，还能检查代码漏洞，优化升级。

鉴于很多人工智能大模型的能力已经足以媲美人类大脑，阿丽正在重新评估自己的职业发展方向。她说：“世界上很多科技公司已经开始大量裁员，一批初级数据分析师被迫失业。”阿丽认为，数据分析师的职能也许会被重新定义，其核心竞争力可能要有商业敏锐度、杰出的分析思维，而这些软实力更难培养。

我们身处一个加速发展的时代，劳动形态的飞速发展也带来了职业的持续进化。新技术革命不仅推动劳动与职业“无中生有”，也使传统劳动和职业在“有中出新”中交织演进，为青年就业打开了新赛道，提供了新选择。与此同时，从劳动力的代际更替来看，以往劳动者的代际更替大约需要 20 年以上的时间才能完成。虽然这一进程会随着时代发展而不断加速，但目前许多岗位新技术人才的培养才刚刚开始，这意味着人才短缺将在一段时间内长期存在。作为新时代的劳动者，我们既要看到科技发展为劳动带来的挑战，更要抓住科技发展为我们带来的机遇。

总而言之，虽然劳动形态会与时俱进发生变化，但幸福生活永远都需要通过劳动创造。新一轮技术革命的不断发展不仅带来了社会生产力的解放和劳动形态的变化，也铺设了走向人的自由而全面发展的新桥梁。新时期的劳动者必须做好学习这门终身课题，让终身学习成为一种生活方式，适应不断更新的职业要求，胜任层出不穷的新职业。

## 拓展活动

作为新一轮科技革命和产业变革的引领性力量，人工智能势必会对高质量发展产生深刻影响。

最近，自动驾驶成了热点话题。只是，这个热点引发的讨论却令人惊心——“自动驾驶来了，千万司机群体何去何从？”“无人驾驶车辆上线后，会有多少司机因此失业？”“科技的意义在于减轻人的工作压力，而不是取代人……”这样的争议不仅限于自动驾驶领域。无人化工厂、自动生产线是否会“抢人饭碗”？归根结底，人工智能到底是在抢夺旧岗位，还是在创造新工作？

请围绕“人工智能到底能否取代______（职业）”开展一场班级辩论赛。

# 第四课 什么样的劳动更有价值

* 不同种类的劳动在不同历史时期发挥的作用是不同的。
* 随着历史进程的不断加快，劳动形态日益复杂，今天我们应该怎样看待体力劳动和脑力劳动之间的差别？
* 家务劳动和职业劳动哪个更重要？
* 不同种类的劳动各自有什么不同的价值？

## 一、体力劳动与脑力劳动

> 搬运夫和哲学家之间的原始差别要比家犬和猎犬之间的差别小得多，他们之间的鸿沟是由分工造成的。
>
> ——卡尔·马克思

根据劳动所依靠的主要运动器官的不同，我们可以将劳动划分为体力劳动和脑力劳动。虽然每个人都会不可避免地进行体力和脑力两种劳动，但根据其从事劳动的主要特征，我们又经常将劳动者划分为体力劳动者和脑力劳动者。而关于体力劳动和脑力劳动、体力劳动者和脑力劳动者孰轻孰重，则是一个历史悠久的话题。

**探究与思考**

君子劳心，小人劳力。

劳心者治人，劳力者治于人。

以上古文是什么意思？它反映了什么样的劳动观念？你认同吗？

请说一说体力劳动与脑力劳动分别有什么重要作用。

## 拓展阅读

一百多年前，英国有个名叫汉弗莱·波特的少年，他在工厂里的工作是负责看守一台蒸汽机。他的任务是每当蒸汽机的操纵杆下落时，就把废蒸汽放掉。波特生性好动，难以枯燥乏味地久坐在一台机器旁，于是他就盯着蒸汽机动起脑筋来。一天，波特突然灵光一现，在蒸汽机上装了几根铁丝和一些螺栓，使阀门能够借此自动开关。如此一来，不仅没有影响工作，反而使发动机的工作效率大幅提高了。

新中国成立之初，由于社会发展的需要以及多种历史文化和社会因素的影响，我们对于“劳动”“劳动人民”等概念的理解多与体力劳动相联系。今天，当谈起“劳动最光荣”“我劳动、我快乐”的时候，我们应该认真地思考“什么是劳动”“劳动能不能与体力劳动相等同”等问题。

## 探究与思考

读完波特的故事，你认为体力劳动和脑力劳动是对立的吗？你有何新的看法？

随着时代的发展，今天我们对于脑力劳动的价值已经有了更加充分的认识和尊重。“尊重知识”“尊重人才”已经成为全社会的共识，科学家、工程师、教师的社会地位日益提高。这些以从事脑力劳动为主的职业也成为越来越多年轻人的理想职业。与此同时，体力劳动或以体力劳动为主的职业仍然在支撑社会生活、推动社会发展方面发挥着重要的、不可替代的作用。那么，我们应当如何看待两者之间的辩证关系呢？

中国工程物理研究院（以下简称中物院）是我国唯一的核武器研制生产单位，是以发展国防尖端科学技术为主的集理论、实验、设计、生产于一体的综合性研究院。在大多数人的印象中，这里云集了一大批包括两院院士在内的高端科研人才。可是，很多人不知道的是，在这些科学家的身边，还有近万名技能人员，他们在我国核武器的研制生产中扮演着不可或缺的角色。他们就像科研人员的左膀右臂，帮助科学家把想法变成现实。

在中物院机械制造工艺研究所的一间实验室里，两名实验人员正在专心调试一台名为"单点金刚石飞切"的工程样机。它能够将粗糙的材料表面加工成表面粗糙度达纳米级的镜面。夏欢是团队中的一名科研人员，和他并肩工作的还有高级技师韩长庆。"为了达到更高的精度，做什么实验、调整什么参数都得向韩师傅请教。"夏欢说。这位中物院的科研人员坦言，遇到不懂的问题时，他总会向韩师傅寻求答案。夏欢的很多设想，要通过韩长庆的具体操作才能变为现实。

在中物院流体物理研究所，为了保证一台价值 7 亿元的加速器的顺利运行，50 多名科研人员和 15 名技能人员一道，共同完成各项科研任务和设备的运行维护。技师王利鸣就是其中一位。在这个高级知识分子扎堆的研究室里，他的地位不可替代。"一个物理思想如何实现？需要相应的装置和平台不断地试验验证，而设计、安装和调试这些装置与平台，需要科研人员与技能人员的不断磨合，需要技能人员专业的操作。"王利鸣所在研究室的主任说。王利鸣因其杰出的技艺，荣获了第 16 届全国技术能手称号。

由上可知，技师和院士一样，都是科研项目中不可或缺的角色。

与此同时，随着社会的不断发展，劳动形态日益复杂多样，将某种职业或某种劳动简单地归为脑力劳动或体力劳动已经变得越来越难。一名科研人员的工作也会包含重复的体力劳动，一位长期在车间工作的工人也可能有很多富有创造性的小技巧和小发明。就像在中物院里常见的场景那样，未来体力劳动和脑力劳动的融合将成为新的趋势。

拓展阅读

**世界青年技能日**

2014 年 12 月，联合国大会通过决议，宣布每年的 7 月 15 日为“世界青年技能日”，以促进青年职业技能发展和就业，为全球经济社会发展做出更大贡献。

2015 年 7 月 15 日，时任联合国秘书长的潘基文为首个“世界青年技能日”发表致辞，呼吁国际社会突出宣传并帮助青年提升其自身能力。为庆祝首个“世界青年技能日”，联合国发起了在其总部以及波恩（德国）、纽约（美国）等地的系列活动。

2015 年至 2024 年，我国在“世界青年技能日”开展的主题活动依次是“世界青年技能日”“技能成就梦想”“技能中国行”“新时代　新技能　新梦想”“技能扶贫”“职业技能提升　改变你的生活”“技能成才　技能报国”“工学一体　技能就业”“就业引领　技创未来”“青年技能促进和平与发展”。

## 二、家务劳动与职业劳动

追溯历史，我们不难发现，劳动在人类社会发展进步中所起到的重要作用。正是无数劳动者积极投身各种生产劳动实践，才有了我们今天高度发达的现代文明。在我们的日常生活中，虽然还有许多劳动没有直接参与社会生产，却也为我们创造着舒适的生活条件和美好的生活环境。家务劳动就是其中很重要的一种。

家务劳动的重要性，在女性群体中，体现得尤为突出。《中国女性生活状况报告 No.16（2023）》调查发现，女性的闲暇时间大多花在与家庭有关的事务上。近七成（68.9%）的被调查女性会在闲暇时间“陪伴孩子和家人”，55.5% 的被调查女性选择“美化家居”“收纳整理”“做家务等”。

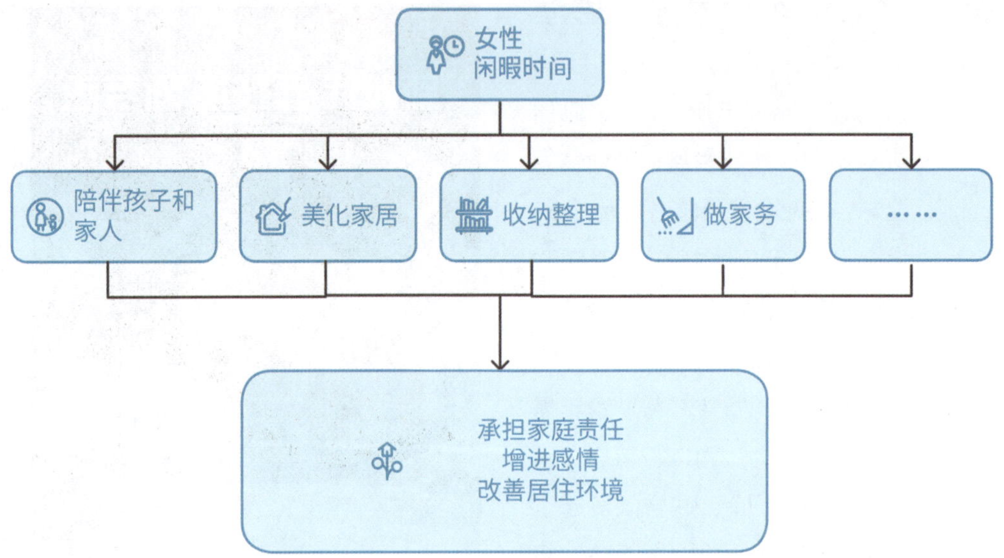

探究与思考

请班里的男生和女生各派一名代表，分享一下家中家务活的分担状况，并说说自己是否也是家务活的承担者。

结合上述材料，说一说你觉得家务活应该如何分担才合理。

与职业劳动不同，家务劳动不是直接的社会生产活动，也不产生外显的经济价值。同时，家务劳动又以重复、简单的劳动居多。与职业劳动相比，家务劳动常常得不到应有的尊重。在中国乃至全世界的大多数传统家庭中，做家务一直被看成是女性的义务。但随着女性受教育程度的提高，越来越多的“妻子”和“妈妈”走上工作岗位，在社会经济活动中发挥越来越重要的作用，家务劳动的分工也开始出现了变化，家务劳动的价值逐渐被人们认识和重视。

探究与思考

在某校新生报到日，某女生宿舍里有两位家政保洁人员在打扫宿舍卫生。这两位家政人员是一位新生的妈妈请来的。这位妈妈报到前来过宿舍，发现宿舍又脏又乱，便请来了家政人员进行清扫。虽然要花费将近 500 元，但是这位妈妈觉得很值。一是因为家政保洁人员很专业，打扫得更干净；二是现在的孩子在家很少做家务，让他们去打扫卫生，她于心不忍。

阅读上述材料，请自由发表你关于学生家长请家政保洁人员的看法。

对比家政服务项目与家庭成员自己从事的家务劳动，你对家务劳动的价值有了哪些新的看法？

近年来，随着人们工作节奏的普遍加快和生活品质的迅速提升，家政服务已经走进越来越多的普通家庭。家政相关专业学历教育也得到了发展。家政服务作为家务劳动的市场化形式，亦让我们看清家务劳动的经济价值。

除了可以被具体衡量的经济价值外，家务劳动还饱含着促进家庭和睦、温馨、幸福等重要的意义。家，是每个人赖以生活与成长的温暖港湾和坚实后盾。在某种意义上，正是家务劳动让家成为家，每一个家庭成员都应该参与其中。

拓展阅读

**家务劳动的价值估算**

有两种简单估算家务劳动价值的方法。

一是时间成本法。这种方法将家务劳动时间量化，并将其转化为劳动力市场上的工资，从而估算家务劳动的价值。基本计算步骤为：首先，确定家务劳动的种类，比如做饭、洗碗、洗衣服、打扫卫生等；然后，确定家务劳动所花费的时间；最后，用家务劳动时间乘以每小时的工资（可依据当地的最低工资标准），即可得到家务劳动的价值。

二是替代品成本法。这种方法将家务劳动所产生的替代品成本作为家务劳动的价值。基本计算步骤为：首先，确定家务劳动的种类；然后，确定可替代这些家务劳动的替代品或替代事项，比如外出就餐、预约保洁服务、送洗衣服等；最后，计算替代品或替代事项的成本，比如外出就餐的费用、预约保洁服务的费用、送洗衣服的费用等。总成本即为家务劳动的价值。

咨询你的家人，根据家务劳动的不同内容，用上述两种方法估算你家一周的家务劳动的价值。

你还知道其他家务劳动价值的估算方法吗？

## 一、活动主题

向校园劳动者致敬。

## 二、活动宗旨

对劳动形态有一个总体的把握，并理解每一种职业都是有价值的这句话；对校园劳动者进行观察和了解，树立尊重劳动、尊重劳动者的意识；能用自己的实际行动表达对校园各类劳动者的敬意。

## 三、活动时间

2 周。

## 四、活动主体

全班同学。

## 五、活动实施

1. 现场观察。学生分小组对校园内的劳动者进行观察，了解校园内都有哪些职业，有哪些类型的劳动者。

2. 实证调查。各小组调查全校同学对劳动者的评价，了解大家对各类劳动者的真实态度。

3. 总结交流。各小组结合调查进行交流，归纳校园内的各类劳动者，总结大家对于各类劳动者的态度，讨论应该怎样对待不同岗位的劳动者。

4. 劳动写真。用照片、视频拍摄或文字描述等形式捕捉校园各岗位上的劳动者的精彩劳动瞬间。

5. 公开展示。将记录校园劳动者美丽瞬间的作品进行展示，让同学们直观了解各类劳动者之美。

# 3

# 幸福不会从天而降

美好生活是由千千万万的劳动者共同创造的，而我们每个人都是其中光荣的一员。

通过本单元的学习，我们将在不同劳动者身上看到辛勤劳动、诚实劳动等珍贵的劳动品格，并学习如何进行创造性劳动。同时，我们还将探究如何通过自己的劳动赢得尊重，借助相关法律维护自身合法权益。

# 第一课 同在一片蓝天下

* 人类的劳动分工决定了劳动有不同形态。
* 我们应该怎样从不同劳动岗位上找到自己的价值、获取劳动的幸福感?
* 你愿意成为怎样的劳动者?

人类社会的历史是一部劳动形态不断演变的历史。正是有了不断进化的劳动形态和日益复杂的劳动分工，才有了我们今天富足、美好的生活。

## 一、劳动让生活更美好

劳动创造了历史，也改变了我们的生活。新中国成立让中国人民站起来了，改革开放让中国人民富起来了。当前，中国人民正在为实现中华民族伟大复兴的中国梦而奋斗。用劳动创造美好生活，是历史的逻辑，是时代的诉求，也是未来的召唤。

正是由于人们的不懈坚持、辛勤劳动，我们的生活才变得越来越好。一个最典型的表现就是改革开放后象征经济短缺的布票、油票、肉票等相继退出了人们的日常生活。如今，这些票证已经成为收藏家眼里的珍品。

### 探究与思考

看看下面这些图片，你知道这些老物件的用途吗？对比今天的生活，你有什么感悟？

| 老物件 | 用途 | 感悟 |
| --- | --- | --- |
|  |  |  |
|  |  |  |
|  |  |  |

1978 年邓小平访问日本，在乘坐新干线列车时，记者问邓小平有何感想。他说：“就感觉到快，有催人跑的意思。”随后，邓小平又补充道：“我们现在正合适坐这样的车。”在改革开放方针的指引下，中国人民依靠吃苦耐劳、拼搏创新的精神创造了经济连续 40 多年高速增长的世界奇迹。中国已在 2010 年超越日本，成为世界第二大经济体，并在新时代进入了高质量发展阶段。这就是让世界惊叹的“中国速度”，而这样的“中

新中国成立初期人们的服装

现在人们的服装

国速度”也让我们的衣、食、住、行等发生了翻天覆地的变化。

一个最直观的表现就是劳动已经让人们的服饰焕然一新。服装的样式与色彩由单一化走向个性化，人们的着装变得多彩多姿，而且常有各种服装文化盛会让世界时尚资源汇聚中华大地，引领时代潮流。

劳动也让人们的饮食品质不断提升。“民以食为天”，“食”既是生活的基本需要，也可以成为生活的美好享受。“食”的变化反映一个社会贫富盛衰的历史变迁。新中国成立之初，人们生活贫困，粗茶淡饭。今天，中国人不但吃得饱，还吃得好——营养均衡、粗细搭配，绿色食品备受欢迎……

新中国成立初期人们的饮食

现在人们的饮食

新中国成立初期的居民住宅

现在的居民住宅

在国际上，衡量生活水平高低的一个最直观的标准就是恩格尔系数。恩格尔系数通常是指居民家庭中食物支出占消费总支出的比重。一般来说，一个家庭收入越少，恩格尔系数越高；随着家庭收入的增加，恩格尔系数会逐渐下降。新中国成立初期，我国城乡居民家庭的恩格尔系数很高。改革开放之后，我国城镇居民家庭和农村居民家庭的恩格尔系数不断下降。到 2024 年，我国全国居民恩格尔系数下降到 29.8%，居民生活水平进一步提高。

劳动也不断改变着人们的居住条件。改革开放前，人们的居住条件极差。即便是城市居民，住宅也大多面积小、设施简陋。现在，人们不仅居住面积日益增加，而且居住条件也有了明显的改善。

同时，劳动还改变着我们的交通条件。2019年10月1日，在中华人民共和国成立70周年庆典上，伴随着一阵阵清脆的自行车铃声，一个名为“青春万岁”的方阵经过天安门广场，激起了很多人关于那个时代的青春记忆。20世纪六七十年代，“二八大杠”还是很多中国人走亲访友、下地干活的时髦交通工具。而今天，在北京工作的兰州小伙子只需不到7个小时就可以坐高铁回家，黑龙江的一家三口可以在春节期间坐5个小时的飞机去海南“过冬”，在上海打拼的小夫妻可以自驾回湖南老家过年……

## 拓展阅读

### 新中国成立以来的交通建设成就

截至2024年末，我国铁路营业里程达到16.2万千米，是1949年的7倍多；高铁从无到有，营业里程达到4.8万千米，位居世界第一；我国颁证民用航空运输机场共263个，是1950年的近24倍；高速公路总里程超过19.07万千米，居世界首位。*

中国路、中国桥、中国港、中国高铁逐渐成为当代中国新名片。根据国家《交通强国建设纲要》，预计到2035年，我国将基本形成“全国123出行交通圈”，即都市区1小时通勤、城市群2小时通达、全国主要城市3小时覆盖，以及“全球123快货物流圈”，即国内1天送达、周边国家2天送达、全球主要城市3天送达。

* 部分数据来源于2025年6月交通运输部发布的《2024年交通运输行业发展统计公报》，此类数据不包含香港、澳门特别行政区及台湾省统计数据。

探究与思考

你还知道哪些劳动改变我们日常衣食住行的例子？“劳动让生活更美好”还体现在哪些方面？

除了传统的衣食住行，“中国速度”还改变了过去人们单调的业余生活，新型休闲与娱乐方式层出不穷，旅游、健身、文化、信息等新型消费大大提升了人们休闲生活的品质。在新的时代，人们对美好生活的期待正在通过辛勤和创造性的劳动逐渐实现。

近年来，我国演出市场持续呈增长态势。2024 年全国营业性演出（不含娱乐场所演出）场次 48.84 万场，观众人数 17 618.16 万人次。过“文化年”、为一场演唱会奔赴一座城……成为近两年特别火热的文化现象。

现在打开票务类 App，会发现演唱会、话剧、舞剧、音乐会、戏曲、儿童剧等各式演出一应俱全，可满足多层次观演人群的需求。同时，各具特色的小剧场、演艺新空间融入城市空间，与大剧院、大剧场互促互补。看一部剧，散场后品一杯主题咖啡，以沉浸式观演、场景式消费为特点的演艺新空间得到年轻观众的追捧。

### 探究与思考

在你生活与学习的地方，还有哪些独具特色的休闲方式？

衣食住行以及休闲方式的日新月异，是时代的进步，更是无数劳动者辛勤和创造性劳动的结果。小到每个人的吃饭穿衣，大到国家的重大项目建设，日常生活与社会运行都离不开千千万万劳动者的辛勤付出。劳动者，是美好新生活的真正创造者！

## 二、我们都是劳动者

从清晨到黄昏，再从黄昏到清晨，无数劳动者都在为社会默默奉献着。有人曾经做过这样一项调查，记录了下列 12 种岗位上劳动者奋斗的身影。

| 劳动者类型 | 工作时间 | 独特贡献 |
| --- | --- | --- |
| 菜贩 | 凌晨 2:00 | 每天为人们提供最新鲜的蔬菜 |

“我喜欢蔬菜那清新的味道。”

|  劳动者类型 |  工作时间 |  独特贡献 |  劳动格言 |
| --- | --- | --- | --- |
| 环卫工人 | 清晨 5:30 | 让城市变得干净整洁，环境优美 |  “我想用扫把清洁美丽的星球。” |
| 电台主持 | 早上 7:30 | 为人们提供多方面的消息 |  “愿我们的声音能带给您温暖。” |
| 大学教授 | 早上 8:00 | 为国家培养人才，创造科研成果 |  “社会因我而多一批栋梁。” |
|  程序员 | 上午 9:00 | 为用户编写代码、写程序，维护软件运行 |  “我们让互联网富有生命与活力。” |

|  劳动者类型 |  工作时间 |  独特贡献 |  劳动格言 |
| --- | --- | --- | --- |
| 服装店销售员 | 上午 10:00 | 为顾客推荐其所需的衣服 |  “我为这些漂亮的衣服找到最适合它的主人。” |
| 按摩师 | 中午 12:00 | 用按摩减轻人们的疲劳 |  “缓解您的疲劳，是我最大的愿望。” |
| 高铁司机 | 下午 3:00 | 为人们的出行提供高速交通服务 |  “火车与铁轨之吻是世上最美的声音。” |
| 烧烤师傅 | 下午 6:00 | 为人们提供美食服务 |  “我烤的不是肉，而是有滋有味的生活。” |

| 劳动者类型 | 工作时间 | 独特贡献 | 劳动格言 |
| --- | --- | --- | --- |
| 交警 | 下午 6:30 | 为人们维持良好的交通秩序 | “我的指挥让车流变得既有序，又有节奏。” |
| 夜班护士 | 晚上 10:00 | 呵护病人的身体健康 | “虽然熬夜已成习惯，但我依然希望保有美丽的人生。” |
| 夜班的哥 | 午夜 12:00 | 为人们提供交通便利 | “在黑夜中与您共享归途。” |

“我的指挥让车流变得既有序，又有节奏。”

“虽然熬夜已成习惯，但我依然希望保有美丽的人生。”

“在黑夜中与您共享归途。”

**探究与思考**

从上述不同职业的劳动者身上，你看到了哪些共同的价值？

不同劳动者从事的劳动类型不一样，是否意味着劳动有高低贵贱之分？

在现代社会分工体系中，我们有序、美好的生活是由不同职业的劳动者共同支撑起来的。其中，有些劳动者是我们在日常生活中经常遇见的，有些劳动者则是不常见的“幕后英雄”。

随着我国高铁的建设，人们的出行变得越来越便利、舒适。而每一趟看似轻松的旅程背后是高度精细化、组织化的现代劳动网络，以及许多我们“看得见”和“看不见”的劳动者。

**我们“看得见”的劳动者**

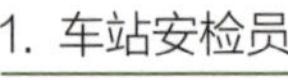
1. 车站安检员

2. 检票员

3. 乘务员

4. 乘警与驾驶员

5. 出站时的服务人员

**我们“看不见”的劳动者**

网络购票程序的设计与维护者

灯光、温度、湿度自动调节系统的建造者

自动驾驶系统的搭建者

列车、铁路维护和检修人员

桥梁、隧道的建设者

自然灾害监测系统的建造者

调度中心的工作人员

“看得见”的和“看不见”的劳动者，都在为社会的进步与发展做出自己的贡献。我们每个人既是为他人服务的劳动者，也是享受他人劳动成果的消费者。大家都在为社会的进步与发展做出自己的努力，也在不同种类、不同形式的劳动中收获自己的幸福。对待每一个劳动者，都应该秉持平等、尊重的原则。同在一片蓝天下，每个劳动者都是光荣的建设者。

## 拓展活动

如何看待出行方式的变迁

看下面这幅图，把你的理解写在横线上，并和小组内的同学分享一下你的想法。

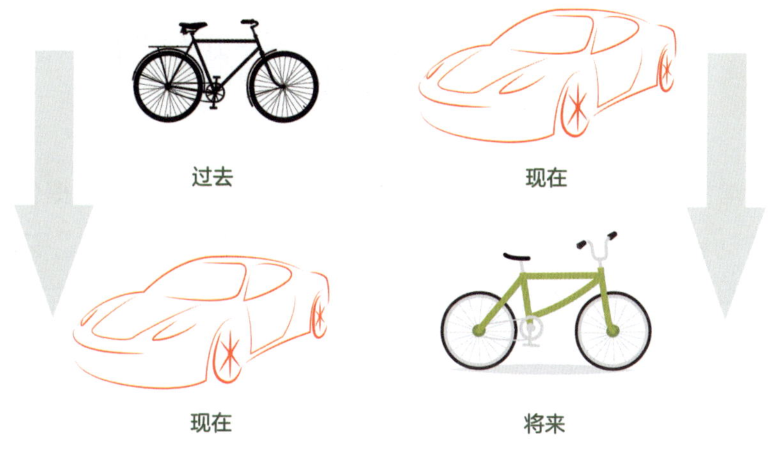


我的理解：

______________________________________________

# 第二课 花儿为什么这么红

* 成功的劳动者，都有相似的品格。
* 如果在劳动过程中遇到困难，我们应该怎么做？
* 我们该如何做一名新时代的劳动者？

“幸福不会从天而降，梦想不会自动成真。”有无数劳动者诚实、辛勤和创造性的劳动，才会有幸福之花的绽放。

## 一、合格并不简单

在日常生活中，每个人在享受他人服务的同时，也为他人提供服务。做一个合格的劳动者既是对他人的负责，也是对自己的尊重。“合格”只有两个字，要切实做到并不简单，不仅要具备基本的职业能力，更要恪守相应的职业道德准则。

**更专业的“月嫂”**

以往，月嫂的主要工作是在女性生产之后照顾产妇、带孩子，并承担一些洗衣、做饭等家务劳动。近年来，随着育养观念的不断更新，月嫂的需求量变大，同时专业性要求也变得更高，形成了更专业的月嫂——母婴护理员。

母婴护理员的主要工作职责包括新生儿的照料、产妇的护理以及母婴用品和相关区域的卫生清洁等。为提高从业人员的服务技能与素质，新修订的《家政服务　母婴护理服务质量规范》（以下简称《规范》）和《0 ～ 3 岁婴幼儿居家照护服务规范》两项国家标准于 2025 年 3 月 1 日起施行。

《规范》对母婴护理员提出的基本要求包括：女性初中以上文化程度，遵守机构岗位要求、守时守信、尊重客户，具备与等级相适应的服务技能等。同时，该《规范》根据服务质量级别，还将母婴生活护理服务分为一至五星级和金牌级共六级。以金牌母婴护理员为例：应取得母婴护理员、婴幼儿发展引导员、营养配餐员、保健按摩师等相关职业技能等级证书，具备48个月以上的母婴护理服务工作经历等。

母婴护理员从一般家政服务人员中分化出来，是经济发展和社会需求变化的必然结果，也是职业分工不断精细化的表现。在现代社会中，做一名合格的劳动者，首先应该具备该职业所必需的专业技能。目前，我国通过实行国家职业资格证书制度，在很多行业对劳动者资质“合格”与否给出了明确的衡量标准。

2021年，《国家职业资格目录（2021年版）》共有72项职业资格。其中，专业技术人员职业资格59项（含准入类33项、水平评价类26项），技能人员职业资格13项。

古人云：“诚者，天之道也；思诚者，人之道也。”诚实劳动、不违背职业道德，本是合格劳动者的责任。当代社会，人们的日常生活和思想观念都呈现出多元化、多样性的特点，坚守诚实劳动的原则就显得更为必要与珍贵。

60多岁的卓建华，家住浙江奉化松岙镇。因为患有小儿麻痹症，身体残疾，他的日常劳作要比普通人更为艰辛。偏偏妻子又患有腰椎间盘突出，一家人的重担都落在了他一个人身上。但老卓从不向命运低头，用自己勤劳的双手闯出了一片天地。

每年的5—6月，对老卓来说，都是忙碌而幸福的。因为他种植的枇杷在这时陆续上市，一家人的生计希望都在这儿了。

有一年的5月下旬，白枇杷进入采摘旺季，预计产量可达3万多斤。岂料天公不作美，一夜的狂风，把白枇杷吹得“破了相”，全都变得皱巴巴的。然而就在两天前，来自全国各地的订单纷至沓来，有700余箱白枇杷已经预订出去，就等着发货。镇上和老卓情况差不多的农户还有很多，很多人已经迫于无奈，把“破相”的枇杷寄出去，以挽回损失。但老卓说：“哪怕再亏钱，这样的‘破相’果都不能卖出去！”老卓坚守诚信，第一时间给各商家打电话，说明原因，取消全部供货订单。

当地媒体在得知他的情况后，为老卓举办了一场白枇杷团购会。5月底的一天上午，一场爱心浓浓的团购会如期举行。许多奉化市民赶来购买，很多他打电话通知取消订单的顾客也纷纷再次提交订单，赶来提货。尽管他精心挑选了果园中最好的白枇杷，但部分品相还是不太好，爱心市民们没有半句怨言，反倒安慰起老卓来。

“原定70元一箱的白枇杷，不但一分钱没降，好多顾客反而主动加价到100元一箱，想帮我弥补损失。当天的团购会，不到1小时，110箱白枇杷被抢购一空，还额外多卖了20箱，销售额近万元。”老卓说。

将最完好的一批白枇杷卖出后，老卓决定不卖了。“这样的‘破相’果决不能流入市场，再心疼也要处理掉。”老卓忍痛将剩余的2.5万斤枇杷全部处理掉。“如果以次充好卖给别人，损失是减少了，但心里的窟窿恐怕一辈子都填不上了。”枇杷园一年光买化肥和农药的成本就要5万多元，当年只卖了4万元，损失惨重。但老卓仍然很感激那些爱心市民。他说：“我要好好打理果园，来年一定要献上精品果，回报大家对我的帮助。”

可以说，正是因为有了“哪怕再亏钱，这样的‘破相’果都不能卖出去”这样的坚守，才让无数消费者可以安心购物。因此，从某种意义上讲，劳动者诚实劳动就是对他人负责，对社会负责，更是对自己负责。商品有价，诚信无价，诚实劳动的品质价值万金。

近年来，食品安全、建筑安全、交通安全的负面报道时有出现，人们对于诚信经营和诚实劳动也日益重视。偷工减料或者掺假制假的行为不仅会损害生产企业自己的信用和名声，更有可能因危害其他消费者的合法权益甚至是生命安全而受到有关法律法规的制裁。

**探究与思考**

结合下列材料，搜索国家对不诚信行为处罚的相关法规与规定，思考应当如何坚持诚实劳动，反对不诚信行为。

某市市场监督管理局对汽车销售领域展开了为期3个月的专项整治活动。经调查，该市部分汽车4S店在更换机油、变速箱油等时，不告知客户汽车的实际使用量，而以整瓶（支）为单位同客户结算费用。而后又将客户原来的汽车机油等回收入库并重新使用。另外，也有不少 4S 店在为消费者提供有偿服务时，谎报用工用料。

该市市场监督管理局认定，上述这些行为构成了未能履行经营者义务、侵犯消费者合法权益的违法行为，该局依法予以处罚。

## 二、敬业者的魅力

在新时代，越来越多的劳动者行进在敬业、乐业的人生大道上。

敬业一直是中华传统美德。早在春秋时期，孔子就说过要“执事敬”“事思敬”“修己以敬”。他主张人在一生中始终要勤奋、刻苦，为事业尽心尽力。今天，“敬业”也是社会主义核心价值观的内容之一。

### 探究与思考

看看下面几幅图片，我们能看到些什么？

在沙漠植树的人民子弟兵

为珠峰通电的电工

喜获丰收的高原农民

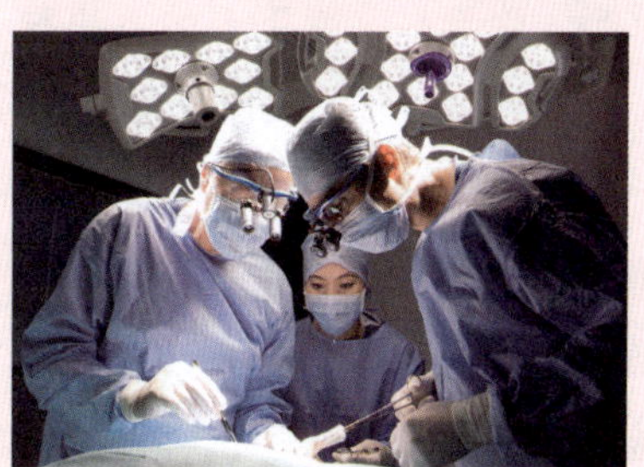

紧张手术的医护人员

忙碌了一天的油漆工人

除险英雄任羊成　新华社记者摄

20世纪60年代，在“十年九旱、水贵如油”的河南林县（今林州市），坚强的林县人民越过天险，用了近10年时间，硬是凭借不怕苦、不怕险的一股狠劲，在万仞壁立、千峰如削的太行山上，斩断1 250个山头，架设150多座渡槽，凿通211个隧洞，建成了总干渠长70.6千米的“人工天河”——红旗渠。红旗渠的建成，从根本上改变了林州人民的生产生活条件。而艰苦奋斗的“红旗渠精神”也从此被广为传颂。

在修建红旗渠的人群当中，有一支专门负责除险的队伍。这支队伍每个人身上都系着几十斤重的绳索，手上拿着特制的铁钩，像荡秋千一样在悬崖上荡来荡去，除去崖上的险石。有人比喻这就是在老虎嘴里拔牙，如果稍有闪失，身体与崖壁撞击，后果不堪设想。除险人员除下来的石块往往又是顺着手中的铁钩往头上走的，所以，一不留神，很容易砸到自己，随时都有生命危险。

在一次除险过程中，一块拳头大小的石块掉下来，正好打到除险队长任羊成的嘴上，使他当场昏厥。悬在半空中一段时间的任羊成清醒过来后，嘴里已是鲜血直流。三颗牙横在嘴里，卡住了舌头，使他喊不出声来，无法施工。任羊成情急之下，就拿起腰间随身携带的一把钳子，将三颗牙硬生生地连根拔了下来。忍着巨大的疼痛，他又在悬崖上坚持作业长达6个小时。当任羊成完成任务平安落地的时候，露出了胜利的笑容。虽然笑起来很痛，但他却为自己圆满完成任务而感到由衷的欣慰！

红旗渠　新华社记者摄

正是因为有一大批像任羊成这样不怕牺牲、艰苦奋斗的普通人，才铸就了自力更生、艰苦创业、团结协作、无私奉献的“红旗渠精神”。今天，随着劳动工具的升级与劳动保护措施的不断完善，新时代的大部分劳动者已不用再面对艰苦甚至危险的工作环境，但是“红旗渠精神”仍继续激励着一代又一代的劳动者在各自岗位上辛勤劳动、砥砺前行。

**探究与思考**

“红旗渠精神”已被广为传颂。你认为在新时代我们是否还需要“红旗渠精神”。

在劳动分工不断细化的今天，敬业精神最普遍的表现就是干一行、爱一行、专一行，成为本行业的行家里手。

**“调皮”的主持人**

以往，我们一提到中央电视台，就觉得那是庄重、严肃的代表。然而央视主持人也有“调皮”的时候：

◆ 天气情况报道

受冷空气影响，我国自北向南将开启“速冻模式”。冷空气将冻得你脸上青一阵、紫一阵、白一阵，在你腮边画彩虹，你也只能翻出秋衣、秋裤、棉袄、棉裤，再在外边套羽绒。

◆ 世界杯报道

八百球员奔北坡，前锋并排北边跑，后卫怕把前锋碰，前锋专找后卫的脚。

主持人在播报内容与呈现形式上下功夫，使播报变得更幽默、更接地气，让观众在获取新闻信息的同时还能收获更多欢乐。也只有真正热爱与尊重自己职业并愿意为之付出努力的人，才能充分发挥工作智慧！

## 三、我们身边的“超级英雄”

**“劳”的含义**

所有的劳动都有辛苦的一面。在《说文解字》中有“用力者劳”的说法，也就是说“劳”字本身就有“辛苦劳动”的意思。而在欧洲语言中，劳动一词也都含有“辛苦”“费力”的意思。可见，劳动本身是一种艰苦的付出。但也正是有了每位劳动者的付出，大家有条不紊地分工协作，才有了我们每天舒适、美好的生活。下图展示了“劳”字的不同写法。

| 金文 | 隶书 | 楷书 | | 行书 | 草书 |
|---|---|---|---|---|---|
| 𤇾 | 勞 | 勞 | 劳 | 劳 | 劳 |

“劳”字本身就含有“辛苦”之意，一名合格的、敬业的劳动者，必定是在岗位上付出辛劳、做出贡献的人。在他们之中，还有一些人，或是将工作看作一生的追求，把自己全身心地奉献给所从事的事业，或是勇敢面对工作中的困难和危险，毫不退缩，甚至在生命的最后一刻还在履行自己的职责。他们就是我们身边名副其实的“超级英雄”。

卢仁峰是内蒙古某装备制造公司的一名高级焊接技师。16 岁那年，卢仁峰作为下乡知青回城，做了焊工，他给自己定的目标是要学好、学精焊接技术。在师傅和工友们休息、下班后，他总是拿起焊枪实践操作。同时，他不忘认真学习，苦读各种焊接技术知识，成为业务骨干。

1986 年的一场事故让卢仁峰险些彻底失去左手，大拇指、食指、中指被勉强缝合后，基本不能工作。但他没有被吓倒，反而更加坚定。他给自己定下了每天要焊完 50 根焊条的任务。他常常一连几个月吃住在车间，一蹲就是数小时，直到厂房里空无一人。五年后，卢仁峰恢复了过去的焊接水平，再次成为厂里的焊接技术领军人，手工电弧焊单面焊双面成型技术堪称一绝。

有一次，某军品项目大型水压机的高压泵体突然出现裂纹，按常规需更换泵体，可市场上没有相应的备件。为了不影响生产进度，卢仁峰主动请缨，在没有技术参数、没有可靠的技术保障的情况下，他反复思考、试验，52 个小时里，手中的焊钳止住了高压水流，挽回损失近 400 万元。

2009 年，作为国庆阅兵装备的某型号轮式车辆首次批量生产，由于新型装甲材料碳含量高、刚性极大、蜗壳壁薄，焊接过程中焊接变形，焊缝成型难以控制，严重影响整车的装配质量和装配进度。卢仁峰再一次投入到紧张的战斗中。从焊丝的型号到电流大小的选择，他和工友们反复研究细节，确定操作步骤，最终利用焊接变形的特性，采用“正反面焊接，以变制变”的方法，使该产品生产合格率由 60% 一下子提高到 96%。

2020 年 9 月 28 日，中国坦克焊接大师卢仁峰再次发布新的科研创新成果“短段双向减应力焊接操作法”，为国内军用装备高强度、高硬度壳体批量制造奠定基础，获得军工界的高度评价。同时，卢仁峰还带出了几十名徒弟，个个都成了技术骨干，其中还有多位获得全国劳动模范、五一劳动奖章、全国技术能手等荣誉和称号。

“超级英雄”离我们并不远，更多时候他们就在我们的身边。在遭遇洪水、地震、火灾等危急情况时，总有许许多多的“普通人”挺身而出，向我们展现着劳动者最英勇的一面。

王宇是河北省张家口市阳原县某消防救援站的一名专职消防员，从业以来，他总是冲锋在救援一线，被同事称为“拼命三郎”。

有一次，民房着火，屋内还有一个煤气罐，情况紧急。王宇看到滚滚浓烟伴随着火苗从窗户里往外窜，他与两名队员迅速进入屋内，进行火情侦查。凭借经验，他很快锁定了火场的起火位置，确定屋内无人，并找到煤气罐，迅速拎着煤气罐跑出火场，将其移至安全的地方。为了快速灭火，他又带领队员，登上10米高的消防登高平台，在零下十几度的寒冬中，坚持战斗2小时，直至火被扑灭。

利剑千磨始成器，精铁百炼终成钢。负重跑、攀岩、翻轮胎、俯卧撑……在每一次体能训练中，王宇总是要付出比别人多几倍的汗水，以超常的毅力挑战身体极限。有一次，王宇的膝关节软组织损伤，走路一瘸一拐，只能小步挪动，但即使是这样，他仅休息了三天，就又返回训练场，与队友们继续拼搏。“我知道，消防救援很苦很累，也非常危险。可既然干上了这一行，就必须随时做好为党和人民牺牲一切的准备。”“90后”的王宇在日记中这样写道。

王舰是北京顺义顺31路公交车的一名驾驶员，虽然性格内向，平时话不多，但与同事们关系都很融洽。在工作上，王舰对自己要求很严格。单位一般要求提前20分

钟到岗，而王舰总是提前一小时到岗，早早完成上岗前的流程后，仔细检查车辆并打扫卫生。在岗前培训的一次行车安全考核中，王舰拿到了 95 分。面对不错的成绩，王舰并不满意，给分管领导打了电话，想补考。他说："安全考核不能得满分，安全就没有保障。"

2021 年 8 月的一个下午，王舰顺利完成测酒、测温、测血压等流程，正常上岗。但在驾驶途中，他突发脑梗。车辆视频监控显示，18 时 19 分，王舰驾驶的公交车行驶在大桥上，此时他已经感觉身体不适，不时地用手按压太阳穴，视频中他紧握方向盘，车辆非常平稳地行驶着。事后有乘客回忆称："如果司机在经过大桥时没握稳方向盘，后果不堪设想！"18 时 22 分，王舰拼尽全力完成减速、靠边、停车、拉手刹、打开双闪等一系列动作，公交车停在公交站台，王舰打开前后门，用尽最后的力气摆手示意乘客换乘车辆，随后趴在了方向盘上。

见此情况，有乘客拨打了急救电话，经过十几个小时的抢救，王舰最终医治无效，永远地离开了他所热爱的岗位。在危急时刻，王舰强忍疼痛，守护了一车乘客的生命安全，而他的生命却永远地定格在了 42 岁。

那些值得我们尊敬的伟大劳动者，都在各自平凡的岗位上创造了非凡的成就。离开工作岗位，他们也许只是茫茫人海中最普通的一个，但站在岗位上，他们就成为我们身边最美的"超级英雄"。

## 拓展活动

选择一个你感兴趣或者想要从事的职业，罗列出你认为该职业应当具备的素质。请按照重要性从高到低至少列出 5 项，并说明原因。

职业：____________

素质 1：____________，原因：__________________________________

素质 2：____________，原因：__________________________________

素质 3：____________，原因：__________________________________

素质 4：____________，原因：__________________________________

素质 5：____________，原因：__________________________________

# 第三课 用智慧叩响未来之门

* 创新是推动人类社会发展的重要动力。
* 创新是如何发生的？是天才的专利吗？
* 在日常的学习和实践中，我们应当如何从事创造性劳动呢？

## 一、创新是人类进步的动力

中国拥有众多古桥，许多古桥至今仍为城市交通发挥着重要作用。这些珍贵的文化遗产凝聚了古人的精湛技艺和卓越智慧。与赵州桥、卢沟桥、广济桥并称“四大古桥”的洛阳桥就是其中之一。

洛阳桥

洛阳桥坐落于福建省泉州市洛阳江上，被誉为“海内第一桥”。洛阳桥建造于北宋年间，在建设过程中，为了应对洛阳江的狂潮急水，建桥工匠采用全新的“筏形基础”，在桥墩中部用长条石交错垒砌，两头呈尖状以分水势，化解浪涛对桥墩的冲击。为了应对海水侵蚀，工匠们结合当地自然条件，通过养殖牡蛎，巧妙地利用牡蛎外壳附着力强、繁殖速度快的特点，为桥基披上一件厚厚的保护衣。牡蛎还会分泌出胶汁并渗透到石缝之中，把桥基和桥墩牢固地胶结成一个整体，起到加固和保护的作用。为了将一块块十米多长、又大又重的石板运到高高的桥墩上，工匠们利用潮涨潮落，先将石板用木排托好，运送至要铺放的位置，待涨潮时利用水的浮力，使石板上浮，顺利地将其移动并架设到桥面。

**探究与思考**

上网查阅资料，在班内分享中国古代的一些创造性劳动成就。

人类社会的每一次进步、每一项文明成果都是人类创新的结晶。从古代到现代，从农业时代到工业时代，从信息时代到智能时代，创新一直是推动人类社会不断发展进步的重要力量。正是在一次次的创新中，人类才实现了许多伟大的梦想，也造就了现在的美好生活。

**人类的飞行梦**

自古以来，人类便仰望着蔚蓝的星空，心中充满了对飞翔的渴望。这种渴望可以追溯到古代神话、传说中的描述，从《山海经》中的神兽到希腊神话中伊卡洛斯的羽翼，这种梦想几乎贯穿了人类的整个历史。

相传，春秋战国时期，墨子、鲁班以木材制成鸟禽状器械，放之能飞。东汉时期，蔡伦改进造纸术后，坊间开始以纸做风筝。

在古希腊，亚里士多德曾观察鸟类的飞行姿态，并尝试解释飞行的原理。后来，意大利科学家达·芬奇认为人类可以模仿鸟类飞行，并绘制了扑翼机图。

1783 年，法国蒙哥尔费兄弟研制出的热空气气球首次升空。

随着航空动力学、材料科学和气动学等领域的研究突破，美国莱特兄弟在 1903 年成功驾驶第一架动力飞机飞行。

1961 年，苏联航天员加加林驾驶东方 1 号飞船完成了世界上首次载人宇宙飞行。

…………

近年来，我国航空技术日渐成熟，从 2003 年第一艘载人航天飞船神舟五号到如今的神舟二十号，从天宫空间站到天问系列行星探测任务，再到嫦娥六号月背采样，中国人将在太空探索之路上越走越远。

当然，创新不仅仅是科学技术的进步，还是新思想的诞生、艺术的创作、工艺流程的改进、某个零部件的改造……这些都是创新的具体体现。创新体现在社会生活的方方面面，凡是对人类社会的文明与进步有价值的、原来没有的精神或物质产品、生产技术与消费服务等都是创新的体现。

**集装箱的发明**

集装箱作为一种装载工具，自 20 世纪中叶起在运输业中逐渐被广泛运用。与精密复杂的机械相比，集装箱作为一种货物运输的装具，其发明的确并不复杂。但正是因为它的出现，有效解决了传统运输中货物散杂、隔离不便、包装各异，以及由此引起的装卸工具繁杂、装卸效率低等问题。

更为重要的是，集装箱的标准化以及集装箱运输体系的建立，对全球贸易和运输方式产生了深远的影响。在应用过程中，集装箱的大小、单箱载重、制造材质、质量标准等一系列国际标准逐渐确立，并在此基础上形成了全球范围内的船舶、港口、铁路、公路、中转站、多式联运等相配套的物流系统。由此，集装箱大大提高了货物运输的效率。集装箱的发明是世界运输史上的一次革命性的创新。

## 二、创新是如何发生的

创新的发生往往会受到智力、知识、思维习惯、性格特征、动机水平与外部环境等诸多因素的影响。也正因如此，创新才显得难能可贵。

从主观上说，创新不会凭空出现，需要我们具备敏锐的洞察力、扎实的知识积累、持续的专注思考、挑战未知的勇气与解决问题的智慧。

**浑天仪的发明**

东汉科学家、文学家、思想家张衡自幼受祖父的熏陶，刻苦学习，擅长机械，醉心于天文、数学、哲学等研究，提出了不同于前人的“浑天说”。

在担任太史令管辖灵台（当时的天文台）时，张衡发现，灵台的建筑虽然雄伟，但观天象的仪器却很陈旧，年久失修。他决定重新修建。张衡潜心研究，细心琢磨，经过无数次的观察、测试，制作出一个木质模型。模型制成后，他又不断试验。经过不懈努力，最终用铜铸成了正式仪器。因为这个仪器是根据浑天理论来制造的，所以张衡将其定名为“浑天仪”。

为了使浑天仪能够按照时刻自行转动，张衡又运用滴漏壶滴水计时的原理，设计了一组滴漏，巧妙地将两个壶和浑天仪配合起来，利用壶中滴水的力量来推动齿轮，齿轮再带动浑天仪运转，通过恰当地选择齿轮个数，巧妙地使浑天仪一昼夜转动一周，把天象变化形象地演示出来。人们可以在浑天仪上观察到日月星辰运行的现象，可以很具体地看到天体的运动变化规律。

**探究与思考**

在以上案例中，你认为张衡是靠什么发明出浑天仪的。

创新可以来自精巧的模仿、刻意的联想或者一次偶然的发现。因此，创新不是科学家、发明家或少数天才的专利。通过科学的方法与不断的练习，普通人也可以培养自己的创新思维，成为生活或工作中的发明家。

**探究与思考**

阅读下列表格中常见的创新方法与发明案例。想想你还知道哪些类似的发明案例。

| 序号 | 创新方法 | 发明案例 | 类似的发明案例 |
|---|---|---|---|
| 1 | 类比法 | 电子鹰眼、复眼照相机与挖掘机的发明，类比了鹰眼、蜻蜓眼和人的手臂的结构和功能 | |
| 2 | 移植法 | 地质勘探中所采用的航空照相技术、重力探测技术、色谱分析、质谱分析、磁法、声法、电法等，是移用物理技术而发明的 | |
| 3 | 整合法 | 保温杯、带电子表的圆珠笔、带收音机的应急灯、有起罐头功能的水果刀等，是整合法的产物 | |
| 4 | 离散法 | 马甲是上衣的袖子与上衣分离的产物，音箱则是扬声器从录音机中分离出来的产物 | |

在社会发展日新月异的今天，创新总是能够给人们的生活和工作带来颠覆性的变化。但创新本身并不总是一蹴而就的，而是个体贡献与集体智慧的结晶。许多创新需要建立在前人探索的基础之上，通过长时间的积累与逐步改善，才能最终以“新”的面貌呈现在人们面前。

近年来，人工智能逐渐走入大众视野，并在医疗、交通、教育、金融等诸多领域中崭露头角。但人工智能的发展并非一蹴而就，从英国数学家阿兰·图灵于20世纪30年代首次提出“图灵机”的概念算起，人工智能已经经历了90多年的发展历程。

人工智能体构建框架中有四个关键技术：感知技术、推理技术、决策技术和交互技术。只有当这四项技术都较为成熟时，人工智能才能实现与人的顺利交互。早期的感知技术只能进行简单的模式识别，现在则能够自主学习和识别图像、语音等数据；早期的推理与决策主要基于人工编写的规则和策略，而现在计算机能够通过强化学习和构建深层神经网络来学习和优化推理与决策模型；早期的交互技术主要是基于命令和界面的交互，而现在则能够理解并生成自然语言、图像和视频，以实现更自然的智能交互。

以上四项技术涉及计算机视觉、机器学习、强化学习、深度学习、自主感知、自然语言处理、数据挖掘、知识图谱、人工智能芯片等一系列关键技术。正是各项技术的逐步突破，如今人工智能才能够被广泛应用于人们的生活和工作。

探究与思考

你还知道哪些创新的故事或创新的方法？我们在日常学习与生活中如何才能创新？

## 三、在学习与实践中创造

通过数十年的努力，我国已经成为制造业大国。但较之世界制造业强国，我们在核心技术、关键零部件及产品质量等方面仍有较大差距。要使中国真正成为制造业强国，创造性劳动就应成为重中之重。因此，作为一名新时代劳动者，我们应当从现在做起，在学习与实践中勇于尝试、大胆创新，为创造性劳动做好准备。

杭州市某学校的一个学生研究小组发明了一台手推式绿篱机，并申请了国家实用新型专利。

这款绿篱机的灵感来自绿篱养护的室外实训操作课。在使用传统的手持式绿篱机进行实操时，绿篱机发出的噪声很大，而且要拿起沉重的机器在一米高的绿篱上面持续挥动且稳步前进，许多同学无法长时间持续操作。于是，他们想到通过发明一款改进版的绿篱机来提高修剪效率。

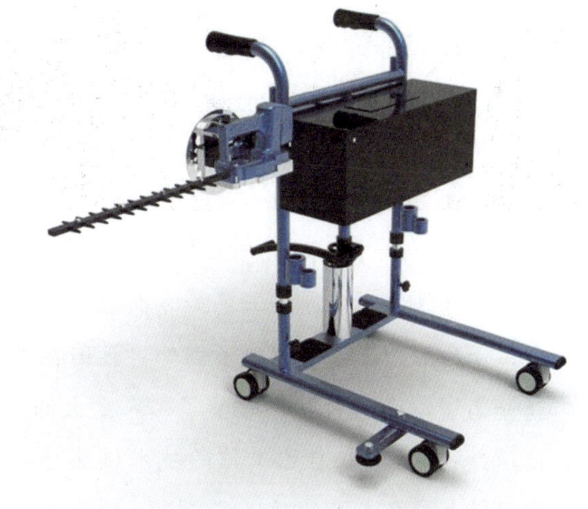

经过多次调研和实地试验，该小组成功研发出了手推式绿篱机。相较于传统绿篱机，该产品具有可调节角度、可横向伸缩、信息化处理调整等功能。通过这些改进，绿篱修剪变得更加高效、轻松，修剪后的绿篱也更加平整、美观。

创造性劳动是建立在开放性思维和挑战性实践的基础上的。创造性劳动不能仅仅靠激情、靠运气、靠苦干，而是要以扎实的学识和娴熟的技能为支撑。齐嵩宇就是这样一位来自一线的新型技术工人的典型代表。

在中国第一汽车集团股份有限公司红旗厂里，由于有吃面条、睡车间的习惯，齐嵩宇被大家称为“面条齐”。他觉得用最简单的方式处理生活所需，可以节省更多时间搞发明创造，对症下药解决生产一线的技术难题，何乐而不为呢？

早在 1994 年齐嵩宇进入一汽工作时，就对厂里那些从美国、德国进口的生产线上的设备感到好奇。为了弄明白这些“大家伙”，他开启了“面条齐”的工作模式：下班不回家，在维修车间反复拆装生产线的一些替代设备，研究分析设备电路图纸；由于设备说明书都是外文，他只能拿着词典逐个单词查阅；累了就睡在车间的长椅上，饿了就用铝饭盒煮面条吃……

齐嵩宇刚从维修岗转到焊接岗时，发现工人们需要花费一天时间去查找几个漏焊点。齐嵩宇下决心，一定要从根本上解决漏焊查找难的问题。经过 3 个月的不断尝试，他的第一项发明——电子漏焊监控器装置诞生了，汽车行业漏焊难检测的问题终于取得了重要突破。直到现在，这项技术还在生产线上被普遍使用。

工人发明家齐嵩宇　新华社记者摄

接下来的日子里，齐嵩宇在发明道路上越走越远、越干越乐，又相继研发出了电阻压力焊接质量自动检测技术、弧焊质量评判技术……，成了名副其实的工人发明家。

齐嵩宇还带领他的团队用了一年多的时间进行产品开发、成型工艺、样件试制、连接工艺等方面的基础研究，成功研发了由 41 个零件构成的 H 平台全铝合金后副车架，突破了国外对我国在这一领域的技术封锁。

在齐嵩宇看来，新时代给予了工人更大的成长空间，同时也赋予了工人更多的使命。他深知：“只有在自己工作的技术领域潜心钻研，做个有思想、能研究的技术能手，才配得上这个奋进的时代。”

正在崛起的中国需要建设一支知识型、技能型、创新型的劳动者大军。在不同行业，一批批智慧型劳动者不断涌现，展现出新时代中国劳动者的活力与精彩。让我们勇当创新型劳动者，汇入新质生产力的时代洪流。

**探究与思考**

齐嵩宇说："只有在自己工作的技术领域潜心钻研，做个有思想、能研究的技术能手，才配得上这个奋进的时代。"

我们应如何理解这句话？

## 拓展阅读

《中国智能制造产业发展报告（2023—2024 年度）》显示，2020 年中国智能工厂市场规模 8 560 亿元。根据当前各行业建设智能工厂的热情及扩张速度，预计未来几年中国智能工厂行业仍将保持 10% 以上的年均增速，到 2025 年，中国智能工厂行业市场规模有望超 1.4 万亿元。

该报告指出，我国在诸多智能制造行业已处于全球领先水平。以机器视觉行业为例，截至 2024 年，全球机器视觉第一大技术来源国为中国，中国机器视觉专利申请量占全球机器视觉专利总申请量的 57.71%；日本、美国和韩国分别排名第二、第三和第四，机器视觉专利申请量占比分别为 18.14%、13.87% 和 3.87%。

在未来一段时间，我国智能制造将加快系统创新、深化推广应用、加强自主供给、夯实基础支撑，以新一代信息技术与先进制造技术深度融合为主线，推动制造业数字化转型、网络化协同、智能化变革。

## 拓展活动

**畅想我能开展的创造性劳动**

如果毕业后的你成为一名一线技术工人，你能在自己的岗位上做出哪些创造性劳动？请认真思考后完成下列表格。

| 我的性格特点 | 我的技能优势 | 我能开展的创造性劳动 |
|---|---|---|
| 1. | 1. | 1. |
| 2. | 2. | 2. |
| 3. | 3. | 3. |

# 第四课 用劳动赢得生命的尊严

* 劳动者怎样才能够真正赢得尊严，获得应有的普遍尊重？
* 当自己的劳动成果不被人尊重的时候，我们可能会想到些什么？
* 当劳动权益受到侵犯的时候，我们可以寻求哪些法律保护？

## 一、尊重劳动，尊重劳动者

近几年，在炎炎夏日，一个个装满冷饮、雪糕、西瓜的冰柜悄然出现在许多城市的街头。冰柜上面赫然写着“免费”二字，里面的解暑食品是专为环卫工人、交警、快递员、外卖员等在酷暑中仍坚持工作的劳动者准备的。

在杭州，已有数十台“爱心冰柜”分布在闹市街头。冰柜无人值守，取用全凭自觉。据报道，有两位刚运动过的少年，打开矿泉水后才发现是给特定对象的，赶紧留下零钱；附近的阿姨专门赶来帮忙整理冰柜；一位路过的大爷甚至从自己买的苹果中挑了个大的放进去……炎炎烈日下，冰柜里的东西不仅没有“意外流失”，反而还增多了。还有一封特殊的信，出自一位小朋友之手。信中写道：“谢谢给爸爸送水的叔叔阿姨，是你们让这个夏天变得更加温情……”原来，他的爸爸是一位快递员。

环卫工人为“爱心冰柜”点赞

“爱心冰柜”不仅给劳动者带去了夏日的清凉，更是尊重劳动的一种真挚表达。一个社会只有形成尊重劳动的氛围，才更能让劳动者感受到自己存在的价值，真正获得劳动的成就感，进而不断投身到劳动创造中去。在我国，党和国家已通过建立功勋荣誉表彰制度等形式来表达全社会对劳动者的尊重。

**全国劳动模范：**

党中央、国务院授予在社会主义建设事业中做出重大贡献者的荣誉称号。

**全国五一劳动奖章和全国五一劳动奖状：**

中华全国总工会授予在中国特色社会主义建设中做出突出贡献的劳动者和企事业单位、机关团体的光荣称号，是中国工人阶级最高奖项之一。

无论是市民自发的“爱心冰柜”，还是国家级的荣誉奖章，都代表着社会对劳动和劳动者的尊重。作为新时代劳动者，我们更应该艰苦奋斗，在自己的岗位上，通过自己的努力去收获属于自己的幸福和尊严。

**探究与思考**

除了面向全体劳动者的奖励制度外，我国还专门设立了对技能人才的奖励制度。请查询“中华技能大奖”和“全国技术能手”等荣誉称号的相关信息或搜集、分享你所在地区面向劳动者或技能人才的奖励措施。

## 二、 尊严是靠自己挣来的

在古希腊，哲学家第欧根尼和亚历山大大帝都是赫赫有名的人。两千多年后的今天，提起第欧根尼，人们仍会想到他与亚历山大那个脍炙人口的故事。

相传，有一日亚历山大巡游某地，遇见正躺着晒太阳的第欧根尼。这位“世界之王”上前自我介绍：“我是亚历山大大帝。”

哲学家依然躺着，倒也自报家门：“我是第欧根尼。”

大帝肃然起敬，问：“我有什么可以为先生效劳的吗？”哲学家的回答是：“有的，那就是——靠边站，不要挡住我的阳光。”

征服过那么多国家与民族的亚历山大，却无法征服第欧根尼，以至于他感叹：“如果我不是亚历山大，我就愿意做第欧根尼。”

第欧根尼志趣不在名利，他倡导恢复简朴自然的理想生活状态，并身体力行。即使权贵主动结交，许以利益，他也从不为所动，并因此赢得了人们的尊敬。

的确，尊严是世界上最珍贵的东西。劳动者的尊严，首先源于劳动者的自我尊重和自我肯定。只有这样，劳动者才有可能将自己从事的工作做到最好，从而获得别人的认可和尊重。就像庄子笔下的庖丁靠游刃有余的解牛技艺而自信满满一样，一名理发师可因顾客漂漂亮亮地走出自己的门店而感到骄傲，一名教师可因学生的茁壮成长而获得社会最广泛的尊重……

**我知道什么叫劳动，它是世界上一切欢乐和美好事物的源泉。**

**——高尔基**

有这样一位出租车司机，用自己对职业的尊重，获得了顾客的一致认同。

一个夏日的午后，一位乘客从一家餐厅出来，招手叫了一辆出租车。但因临时想起一件事来，他又与同伴说了几句话才上车。本以为司机会生气，甚至会有怨言，没想到司机仍用一张笑脸欢迎他。

上车后，他告诉司机去机场。因为自己的公司在机场附近的外贸协会二馆，楼不太高，也不太显眼，知道的人不多，所以他每次都说是去机场，免得费力解释半天。

但这次，他刚说完，司机就紧接着说道："您是不是要去外贸协会二馆啊？"

这位乘客非常吃惊，通常说去机场，一般司机就不再作声，即便是一些热心肠的司机，也最多只会问自己要去哪里，或搭乘哪家航空公司的飞机，还从来没有人这么具体而准确地说出他真正要去的地方！

乘客非常好奇，便细问司机是怎么知道的。司机说："第一，您最后上车时跟朋友只是一般性的道别，您的朋友一点儿都没有送行的感觉；第二，您连仅供一天使用的小行李都没有，而这个时间才去坐飞机，无论如何您都没有可能在当天赶回来，所以您真正去的地方不可能是机场；第三，您手里拿的是一本普通的英文杂志，并且被您随意卷折过，一看就不是重要的公文之类的东西，而只是供您自己消磨时间用的，一个把英语杂志作为普通读物的人既然不是去机场，就一定是去外贸协会啦，机场附近就只有外贸协会一家单位的人才会这样读英语的嘛！”

…………

“怎么样，我够有职业水准的吧？”司机讲完自己的分析后不无得意地问那位乘客。事后，那位乘客一直忘不了那位出租车司机，尤其是他最后说到的——职业水准。

**探究与思考**

你认为出租车司机的职业水准是什么？

你能体会到这位出租车司机对自己的职业充满热爱和自豪吗？

劳动的尊严，也来自对他人的帮助和对社会的贡献。在做好自己本职工作的同时，劳动者不畏艰苦、勇于奉献、大公无私、舍己为人等优良品质也会赢得他人的尊重和由衷赞美。医者仁心，大爱无疆，安徽省六安市金寨县的乡村医生余家军就是这样一位让人肃然起敬的人。

安徽省六安市金寨县响洪甸水库有 1 400 多平方千米，库区中的岛上住着三三两两的人家，余家军的家就在其中的一座小岛上。因父亲的临终嘱托，余家军放弃城里的工作来到库区孤岛，当起了一名村医。

余家军将一条渔船改造成简易诊所，建立起海岛卫生站。为保障村民就医需要，他 24 小时不关手机，只要村民一个电话，他就第一时间驾船前往。余家军每次出诊的燃油费、出诊费都是自己承担。多年来，仅燃油费一项，他就花掉了几万元。

20 多年来，余家军风里来雨里去，常常遭遇险情。一个秋天的夜里，余家军外出诊病，返回时遇到了大雾，水面上伸手不见五指，手电筒能见度不到 1 米。尽管小心驾驶，船还是撞山了，人差点落水；为了救治家住在山顶的村民，余家军匆忙赶路时，一脚踏空，连人带药箱掉进了几米深的大沟里，身上多处擦伤……

库区岛上许多年轻人外出打工了，对留守在岛上的老人们而言，余家军不仅是医生，更是陪伴者。也曾有亲戚介绍余家军外出工作，乡亲们听说后接二连三前来挽留，有的人还潸然泪下。看着乡亲们那一张张不舍的脸，余家军下定决心，坚决不走了！

如今，在政府相关部门的帮助下，诊所上岸了，结实的水泥墙遮风挡雨，现代化的诊疗器械被擦拭得干干净净，木质的药品柜里存放着村民们需要的药品。余家军和父亲让库区岛不再缺医少药的约定，在日日夜夜的坚守中逐渐变成可触可及的现实。

**探究与思考**

是什么激励着余家军坚守在岛上为村民服务的呢？

用一颗充满大爱的心认真工作，就会获得众人的认可与社会的尊重。余家军为岛民真诚无私的奉献，不仅让他的生命充满尊严，获得了他人发自内心的尊重，也让我们懂得了劳动与尊重会产生持久的循环效应。

## 三、运用法律武器维护劳动权益

崇尚劳动、尊重劳动者、激励每个劳动者创造性地工作，是凝聚力量、实现中国梦的重要基础。每个劳动者都希望拥有理想的职业，都期盼通过劳动在奉献社会的同时收获幸福，实现个人价值。但在现实中，我们难免会遇到一些侵犯劳动者权益的事情，如侵占假期、拖欠工资、歧视女性劳动者等。如果遇到这些情况，我们又该怎样运用法律武器维护自己的合法权益呢？

劳动合同法

某建筑公司在某小区建设项目期间，共欠张某某等 17 名农民工工资 9 万余元。2023 年 10 月 13 日，涉案农民工分别向县人民法院提起诉讼，该系列案件均以诉前调解经司法确认结案，调解协议明确：该建筑公司应于 2023 年 12 月 30 日支付所欠的农民工工资。但该公司逾期未予支付。2024 年 1 月 5 日，17 名农民工分别向法院申请强制执行。

执行法官在送达执行通知书、报告财产令等相关执行文书后，该公司不予理睬，同时，经查询网络执行查控系统，其名下无可供执行财产。面对这种情况，法院执行团队通过实地调查了解到，该建筑公司经营良好，运行正常，初步判断被执行人有逃避债务、规避执行之嫌。而公司总经理曹某某对执行法官漠然置之，安排其子小曹充当“传声筒”应付了事。对此，执行法官亮明态度，拟对本案被执行人的法定代表人曹某某实施司法拘留、对建筑公司进行罚款。在强制手段的威慑下，曹某某最终交清了该批案件全部执行款。

企业欠薪是影响较大的社会热点问题。为了保护劳动者的合法权益，国家也在逐步出台、完善相应的法律法规。2008 年,《中华人民共和国劳动合同法》实施，国家对劳动者的合法权益实施全面保护。2011 年,《中华人民共和国刑法修正案（八）》实施，国家开始追究拒不支付劳动报酬行为责任人的刑事责任。2013 年，新的司法解释出台，对违法欠薪的企业和负责人追究刑事责任的规定得到进一步落实。2020 年 5 月 1 日，由国务院颁布的《保障农民工工资支付条例》正式施行，这是我国第一次为保障农民工群体权益制定专门行政法规。

《工伤保险条例》也是保护劳动者权益的重要法律依据。如第十四条第二项规定，工作时间前后在工作场所内，职工从事与工作有关的预备性或者收尾性工作受到事故伤害的，应当认定为工伤。

聂某系某公司员工，上班时间为早上 8 点。一天，聂某早上 7 点 40 分到公司地下停车库，下车时不慎扭伤腰部。聂某向单位提出工伤认定申请，公司认为其受伤时尚未进入工作区域，不符合工伤认定条件。于是，

聂某向当地人力资源社会保障行政部门提出工伤认定申请。综合证据材料和询问调查，人力资源社会保障行政部门认定聂某的事故伤害为工伤。

《中华人民共和国劳动法》十分注重保护女性劳动者权益，特别是针对女职工的“四期”（经期、孕期、产期、哺乳期）给出了明确规定。根据《中华人民共和国劳动法》和《中华人民共和国妇女权益保障法》，用人单位不得因结婚、怀孕、产假、哺乳等情形，降低女职工的工资，辞退女职工，单方解除劳动（聘用）合同或者服务协议。如果用人单位违反上述规定，女职工可依法向所在地的劳动人事争议仲裁部门申请劳动争议仲裁，以维护自己的合法权益。

劳动法、妇女权益保障法

朱某于2020年6月16日入职某机械公司，2021年4月6日育一男婴。2021年4月6日至2021年5月9日期间，朱某因生育休假，机械公司未支付上述期间工资。2021年5月10日起，朱某经公司要求提前返岗上班，公司发放了返岗后工资。2023年5月12日，社保中心将朱某的生育津贴1万余元支付至机械公司账户。朱某经仲裁程序前置后起诉至法院，主张机械公司支付其生育津贴等。

法院认为，朱某在产假期间经公司要求提前返岗上班，其虽取得相关劳动报酬，但该部分工资是朱某放弃产假提供劳动的对价。机械公司仍应向朱某足额发放生育津贴，生育津贴低于朱某产假前工资标准的部分应由机械公司补足，故一审判决机械公司支付朱某生育津贴3万余元（含社保中心已发放生育津贴1万余元）等。

### 探究与思考

为切实保护劳动者的合法权益，我国已经建立了完善的法律法规体系。

法律类主要包括《中华人民共和国劳动法》《中华人民共和国劳动合同法》《中华人民共和国就业促进法》《中华人民共和国劳动争议调解仲裁法》《中华人民共和国工会法》《中华人民共和国职业教育法》《中华人民共和国职业病防治法》等。以法律法规的形式对劳动者权益加以保护，一方面，当劳动者的合法权益受到侵犯时，能够为劳动者提供法律保障；另一方面，能起到宣传、普及作用，在提醒每个劳动者遵守法律、尊重他人的合法权益的同时，让保护劳动者的合法权益成为社会共识。

行政法规类主要包括《国务院关于职工探亲待遇的规定》《女职工劳动保护特别规定》《关于工资总额组成的规定》《国务院关于职工工作时间的规定》《失业保险条例》《社会保险费征缴暂行条例》《城市居民最低生活保障条例》《禁止使用童工规定》《工伤保险条例》《劳动保障监察条例》《残疾人就业条例》《全国年节及纪念日放假办法》《职工带薪年休假条例》等。

请查阅相关法律法规，看看有哪些你感兴趣的法条。

| 序号 | 法律或法规 | 你感兴趣的法条 |
|---|---|---|
| 1 | 《中华人民共和国劳动法》 | 第二十一条：劳动合同可以约定试用期。试用期最长不得超过六个月 |
| 2 | | |
| 3 | | |
| 4 | | |
| 5 | | |

劳动者的尊严实现和权益保障，一方面需要通过劳动者自身的辛勤劳动去争取，另一方面也有赖于全社会良好风气的形成和国家法律的保驾护航。新一代劳动者要努力奋斗，做新时代的追梦人，也要学法用法，做合法权益的理性维护者。

## 拓展活动

### 专利申请我知道

我们在日常学习、工作或生活中的发明需要向专利管理部门提出专利申请才能享有专利权。近年来，越来越多的技工院校师生加入发明创造的行列，获得了国家专利。

请上网查阅资料或咨询当地的专利管理部门，了解专利主要有哪些类型，申请不同类型的专利需要哪些材料，以及有哪些流程。

1. 专利的主要类型：

______________________________

______________________________

2. 申请专利的主要流程及不同类型专利需准备的申请材料：

| 流程 | 申请材料 |
| --- | --- |
| 1 | 类型1：__________ 所需材料：______________________________<br>类型2：__________ 所需材料：______________________________<br>类型3：__________ 所需材料：______________________________<br>…… |
| 2 | |
| 3 | |

续表

| 流程 | 申请材料 |
| --- | --- |
| | |
| | |
| | |

主题实践活动

# 做有尊严的劳动者

一、活动主题

做有尊严的劳动者。

二、活动宗旨

通过本次活动，品味劳动者的喜悦与自豪，并懂得运用有关法律法规保护劳动者的合法权益。

三、活动时间

1 周。

四、活动主体

全班同学。

五、活动实施

1. 把班级成员分成若干小组，寻找你身边的“幸福劳动者”，采访他们的劳动故事，重点了解他们是如何通过劳动收获幸福、赢得尊严的。然后完成右侧表格，准备在班会上进行交流。

| 项目 | 内容 |
|---|---|
| 小组成员 | |
| 访谈对象 | |
| 访谈内容 | |
| 总结感悟 | |

2. 各小组上网搜集一个侵犯劳动者合法权益的典型案例，然后查阅并学习与案例相关的保护劳动者权益的法律法规。

| 项目 | 内容 |
|---|---|
| 小组成员 | |
| 资料来源 | |
| 典型案例 | |
| 法律法规 | |

3. 分小组进行交流讨论，根据上述两方面的案例得出结论，并制作海报。

4. 各小组代表上台进行活动汇报。

5. 评选出最佳调研小组、最佳海报等。

# 4

# 千里之行始于足下

学校、社会和家庭都是培养良好劳动素养的重要场所。

通过本单元的学习，我们可以认识到学校学习、社会实践、家务劳动的重要性，并在不同的劳动实践中学以致用，得到全面锻炼，为成为新时代合格的劳动者做好准备。

# 第一课　磨刀不误砍柴工

* 劳动创造幸福生活，我们也将用劳动创造未来。
* 今天的学习者就是未来的劳动者。
* 如果有一个为未来劳动做准备的智慧行囊，我们需要放进去些什么呢？

## 一、学习与未来劳动

千千万万种劳动共同创造了我们的美好生活，社会上的每个人也都在不同岗位上服务人民、贡献社会。作为学生，当前的主要任务是学习。父母和老师经常对我们说，只有学得好，才能为将来的工作做好准备。但工作和学习看上去有很多不一样的地方，学习能够为我们未来的劳动实践做哪些方面的准备呢？

### 探究与思考

让我们看看以下两则市场招聘信息，或者上网搜索与自己所学专业相关的市场招聘信息。

一、维修技工

· 职位描述

1. 对生产线操作工的紧急援助请求做出迅速反应。

2. 能够迅速分析和解决设备故障，必要时寻求控制系统技术人员的支持。

二、机械工程师

· 职位描述

1. 负责产品的机械设计、调试、技术支持和服务工作。

2. 进行项目的研发与设计。

3. 必要时协调外部协助。

4. 同生产线和工厂管理人员沟通，交流故障解决进度。

·职业要求

1. 具备读懂机械图纸的能力，可根据设计图纸的要求完成工件的组装工作以及其他工作。

2. 具备使用 AutoCAD、Creo 等软件的能力。

3. 有扎实的电气控制系统知识。

4. 有扎实的基础液压和气动、电气设备知识。

5. 具备在工作中解决故障和实际问题的能力。

6. 遵守劳动纪律，有合作精神。

·职位要求

1. 具有 1 年以上机械设计制造方面的工作经验。

2. 精通非标机械设计，熟悉机械结构。

3. 能熟练使用 SolidWorks、CAD、CAXA 等软件绘制加工装配图纸。

4. 具有较强的责任心和团队合作意识，吃苦耐劳、动手能力强。

5. 能适应长期出差。

通过对招聘信息进行分析，思考上述两个职位的哪些要求是需要我们在学校学习时提前做好准备的，哪些要求是需要未来在工作中通过实践学习获得的，并完成下列表格。

| 项目 | 需要在学校学习时提前做好准备的 | 需要未来在工作中学习积累的 |
| --- | --- | --- |
| 知识 | | |
| 能力 | | |
| 综合素养 | | |

“九层之台，起于累土。”在我们未来所要从事的工作中，有大量的知识都是在学校期间积累的。尤其是对知识的系统学习，在学校打好基础，以后在工作中上手

会快。即使技术更新速度加快，脑海中的专业知识图谱仍能够成为学习新知识的最强助力。

解决专业问题的能力当然有一部分是在未来工作中练就的，但学校当前提供的各类课程也帮助我们在习得知识的基础上运用知识，让我们即使初入职场，也不会束手无策。甚至可以说，谁把握住在校期间提升专业能力的机会，谁就更容易在职业竞争中抢占先机。

综合素养也是我们胜任未来职业必不可少的构成要素。虽然这些素质的养成途径较为广泛，但课程学习肯定是不可忽视的重要渠道。一个在课程学习中对自己高标准、严要求的人，往往也更容易在未来的工作中尽职尽责、精益求精。一个在课程学习当中善于沟通、乐于助人的人，往往也更容易在未来的工作中展现出非凡的团队协作力和领导力。

## 二、 真假学习

学习很重要，那么究竟怎样才能更好地学习呢？首先，我们要明确什么是真正的学习。

**故事一：**

有这样一则故事，一位学者提出了一个新理论，大家都很感兴趣，邀请学者做报告的人越来越多，这使他疲惫不堪。有一天，他的司机对他说：“您太累了，今天我帮您做报告吧！”学者疑惑地问：“你，能行吗？”司机胸有成竹地说：“我闭着眼睛都能背出来。”

那天司机上台，果然讲得滴水不漏。但刚想下台时，一位教授站了起来，提了一个非常深奥的问题。司机不知怎么回答，幸好脑瓜转得快：“你这个问题太简单了，我的司机都能回答。”学者闻此便起身，几句话就解决了问题。教授惊呆了，心想：“没想到他的司机也远胜

于我！”

在回去的路上，司机认真地对学者说：“我只是记住了一些概念，您懂得的才是真知识。”

**故事二：**

小张同学特别喜欢收藏各种“干货”知识。今天在一个微信公众号看到《10分钟了解中国历史》，觉得干货满满，便收藏起来；明天又在另一个微信公众号看到《高情商必须具备五项能力》，又收藏起来。就这样，他像松鼠囤粮一样囤积着各种知识。

有一天，他打开微信收藏，看到里面竟然有1 000多篇文章，却已不知道自己是什么时候收藏的，也不知道当时为什么要收藏这些文章，更不记得文章都讲了哪些内容。最后，他一键将收藏删了个干干净净。

**故事三：**

一位作家年轻的时候，只是一个印刷厂的学徒工。每天看到报纸印出来的时候，他就想：“有一天，我的文字出现在报纸上就好了。”

他是行动派，想到了就做。他是怎么做的呢？

那时候，还没有专门的写作培训班。于是，他把报纸、杂志上的好文章剪下来，再一句一句抄写在一张张纸条上。抄完之后，把原文放在一边，然后把这些纸条全部打乱，再把这些话按照顺序排列起来。很多次排列之后，他弄懂了文章的结构。

然后，他又把练习的难度提高一个档次：把范文一句一句默写下来。很多次默写之后，他就懂得了如何运用文字。

终于有一天，他的文章出现在了报纸上。文章见报后，更加激发了他的写作兴趣。于是，他笔耕不辍，终于有所成就。

**探究与思考**

想一想，以上三则材料中，谁在进行真正的学习。

不难看出，无论是“知其然而不知其所以然”的司机，还是像松鼠囤粮一样只收集不消化的小张同学，他们的行为本质上都不能算是真正的学习。只有像那位作家一样，通过不断尝试最终让自己有真实的心得，才能算是真正的学习。也唯有真正的学习，才能为我们未来的劳动做好充分的准备，提供源源不断的支持。

## 三、制胜的法宝

理解了什么是真正的学习，我们还需要努力开展真正的学习实践。那些让我们敬重的技术能手，往往都是善于学习、乐于学习的人，他们应该成为我们观摩、效仿和超越的对象。

拓展阅读

**技能大师的秘诀**

田明拥有很多光鲜夺目的荣誉称号：全国五一劳动奖章获得者、中国石化技能大师等，但问起他成功的秘诀，他只说了“学习”二字。

“我是石油子弟，始终把当一名优秀产业工人作为人生追求。我学历不高，必须不断学习，在学中干，在干中学。”田明 1985 年从技工学校毕业参加工作，尽管在学校中学习了相关专业知识，但他总觉得不够，先后自学完成了高中课程、机电一体化大专课程、石油工程专业本科课程。为提高解决专业技术问题的能力，他还系统学习了《科学试油系统工程》《试井资料解释方法》等技术书籍，撰写了 30 多万字的学习笔记。

知识的丰富、技能的提升，让田明在工作中游刃有余。围绕工作中的疑难问题，他开展技术革新，完成革新成果 100 多项，其中一项还获得国家科学技术进步奖（工人农民组）二等奖。

“学不可以已。”无论我们在学校中学习到了多少专业知识，若想要成为技术能手，还需要我们一直保持学习的习惯。特别是在知识更新速度加快、科学技术迅猛发展的今天，勤于学习、乐于思考的个人特质对于未来工作而言至关重要。

## 探究与思考

你学的是什么专业？你认为该专业的发展前景如何？你对未来工作有什么期待？现在能做些什么准备呢？请思考后查阅资料，完成下列表格。

| 项目 | 内容 |
|---|---|
| 我的专业 | |
| 专业的发展前景 | |
| 未来的工作设想 | |
| 当前的学习计划 | |

的确，伴随着生产力的飞速发展，劳动形态将不断发生变化。无论是越来越快的知识更新速度，还是飞速发展的人工智能，都使未来的职业对劳动者素质的要求越来越高。那我们应该怎么做呢？80 多岁的学霸奶奶——薛修敏，用她的实际行动告诉了我们该如何学习、如何面对未来、如何做未来合格的劳动者。

薛修敏，女，生于 1936 年 12 月。

1954 年 8 月从哈尔滨卫生学校药剂学专业（中专）毕业后被分配至西安的临潼疗养院工作。

1957 年 8 月被西北大学录取，但因单位拒绝放行而耽误上学。

1958 年回到天津，1959 年再次参加高考，但未被录取。

2013 年，77 岁的薛修敏从中央广播电视大学电子商务专业毕业，获得大专学历。

2014 年，报考天津大学网络教育学院电子商务专业（专升本），被录取。

2018 年 1 月，拿到天津大学电子商务专业本科证书。

除此以外，她还学会了四门外语（英语、法语、俄语、拉丁语），懂得用

Photoshop（图像处理软件）处理照片……

薛修敏的勤奋好学，在整个学院都出了名。因为要听5点开播的英文广播节目，她每天凌晨5点起床，听完广播后再洗漱、吃早点。她一天内的时间主要用来学习专业知识，其中计算机相关课程花费精力最大，考了6次才过关。“计算机我以前没碰过，但现在这个时代，你不会用计算机，还怎么学习呢？我一定要跟上时代的步伐。”

“考了6次才过，没什么丢人的。过不了就不敢学了，才丢人。”薛修敏说。

“吾生也有涯，而知也无涯。”面对浩瀚无垠、日新月异的知识海洋，是知难而退，还是迎难而上呢？薛修敏老人用她终身学习的故事给了我们最好的答案。为了应对未来的挑战，新一代劳动者不仅要树立“活到老、学到老”的观念，而且要抓住一切机会，采用不同的形式努力学习，才能更好地从事未来的劳动，并不断创造更加美好的未来。

## 拓展阅读

### 终身学习与终身教育

活到老，学到老。终身学习是指社会每个成员为适应现代社会变革、实现个体发展的需要，贯穿于人的一生的、持续的学习过程。

国际21世纪教育委员会在向联合国教科文组织提交的报告中曾经指出：“终身学习是21世纪人的通行证。”终身学习的目标是“学会求知，

学会做事，学会共处，学会做人”。这是 21 世纪教育的四大支柱，我们每个人都可以参考。

与终身学习概念直接关联的概念当然就是终身教育了。

1965 年，在联合国教科文组织召开的成人教育促进国际会议上，时任联合国教科文组织成人教育局局长的法国人保罗・朗格朗正式提出 " 终身教育 " 的概念。

目前，大家普遍认为终身教育是人们在一生中所受到的各种培养的总和。它开始于人的生命之初，终止于人的生命之末，包括人发展的各个阶段及各个方面的教育活动。既包括纵向的一个人从婴儿期到老年期各个不同发展阶段所受到的各级各类教育，也包括横向的从学校、家庭、社会各个不同领域所受到的教育。终身教育的最终目的在于维持和改善个人社会生活的质量。

## 拓展活动

### 我的学习生活日程表

向薛修敏老人学习，请你为自己做一张学习生活日程表吧！

# 第二课 纸上得来终觉浅

* 书本知识的学习是我们应对未来劳动的起点，学以致用的实践是通向真才实学的重要途径。
* 为了练就从事未来劳动所需要的真本领，我们应该参与哪些社会实践？应该从社会实践中学些什么？

## 一、岗位实习的重要意义

渔夫教儿的故事，非常生动地诠释了学习与实践的辩证关系。

从前，有一个渔夫有着一流的捕鱼技术，被人们尊称为“渔王”。然而“渔王”年老的时候非常苦恼，因为他的三个儿子的捕鱼技术都很平庸。

他经常向人诉说心中的苦恼：“我真不明白，我捕鱼的技术这么好，我的儿子们为什么这么差？我从他们懂事起就传授捕鱼技术给他们，从最基本的东西教起，告诉他们怎样织网最容易捕捉到鱼，怎样划船最不会惊动鱼，怎样下网最容易请鱼入瓮。他们长大了，我又教他们怎样识潮汐、辨鱼汛……凡是我常年辛辛苦苦总结出来的经验，我都毫无保留地传授给了他们，可他们的捕鱼技术竟然赶不上普通渔民的儿子！”

一位路人听了他的诉说后，问：“你一直在手把手地教他们吗？”

渔夫说：“是的，为了让他们学到一流的捕鱼技术，我教得很仔细，也很耐心。”

路人又问："他们只是一直跟随着你吗？"

"是的，为了让他们少走弯路，我一直让他们跟着我学。"

路人说："这样说来，你的错误就很明显了。你只给他们传授了技术，却没给他们传授教训。"

确实，作为一位老师，"渔王"可以说是非常尽心尽力，但是为什么他的儿子的捕鱼技术却仍然不高？一个很重要的原因就是他的儿子缺乏独立的实践经验。"纸上得来终觉浅，绝知此事要躬行。"学校中的岗位实习活动，正是为我们提供了这样一个理论与实践相结合的宝贵机会。

下面，让我们看一看一位班主任记录的几位同学在岗位实习过程中的体会。

**学生甲的故事：**

学生甲在班里成绩平平，对学习不是很上心，但成绩也不是很差。

岗位实习期间，我去企业走访，他居然干劲十足。我问他原因，他对我说："通过这次实习，我明白了'书中自有黄金屋'的真正含义，那就是我们平时应该多学多问多做，所学的知识才会得到巩固，个人能力才能得到提高，也才能真正在实践中施展拳脚。记得有次师傅让我去组装一批机器，因为我上课时有过相关经验，所以很顺利地把那批机器组装完了。看到机器都能正常运行，我感到特别兴奋，这可是我第一次一次性组装这么多台机器啊！"

岗位实习中的技工院校学生（一）

**学生乙的故事：**

学生乙是班级的“小小发明家”。他平日最大的爱好就是研究电路，把各种电器拆了再组装。他原来期待通过岗位实习，更好地提高自己组装、检测、调试的综合能力，但到公司的当天他就傻眼了，因为给他分配的工作是包装。虽然心理落差很大，但他很快便认真投入到琐碎的工作中。

后来，他在实习感想中写到了他当时内心的挣扎与收获。他说：“我真的好羡慕那些做单板调试、焊接、调试程序的同学，我期望能摸到电表。但我最终在包装流水线上学习、磨炼，在缠胶带、打螺丝、拆箱、装箱、搬东西中切身感受到了生活的不易和不同工种的意义。”

**学生丙的故事：**

学生丙是一个文静内向的男孩。临行前，他心里充满了忐忑，他担心人际交往，担心与老员工相处不来，担心万一出了问题，别人不教他该怎么办。

但是一个半月下来，他发现所有的担心都是多余的。因为他不仅与老员工相处得

**探究与思考**

你参加过学校组织的岗位实习活动吗？从三位同学的故事中，你对岗位实习活动有什么新的认识吗？

岗位实习中的技工院校学生（二）

十分融洽，还从他们身上学到了知识、技能和本领。对他来说，实习最大的收获是克服了对人际交往的恐惧，让他变得更加自信。

岗位实习是我们成长为合格的、专业的劳动者的重要途径。与工作岗位的零距离接触使我们在工作现场可以了解更多的知识、技术、工艺等。生产环节中的真实劳动不仅能锻炼我们的动手能力、磨砺我们的坚韧意志，也会使我们真切体会到每一个岗位的责任、辛苦和贡献。与同事、工友的相处则使我们学会更多沟通合作的技巧、做人做事的道理……可以说，岗位实习是我们在努力成为有智慧、有能力、有担当的劳动者的道路上必不可少的一段宝贵历练。

## 二、岗位实习的真实体验

岗位实习中的技工院校学生（三）

岗位实习为我们走向职业活动创造了较为系统的实践锻炼机会。只有通过这种锻炼，我们才能更加自信、更加从容地迎接未来正式的职业劳动。困惑与收获并存，是我们在岗位实习中的常态。

请阅读以下案例，想一想：如何解决王丽的困惑？如何看待陈素的收获？

**“个人的事”还是“集体的事”**

王丽实习时被分到了一个气氛活跃的小组，工作时非常开心。有一天领导给小组分配了任务，王丽领到的任务需要费些功夫，但她和大家说说笑笑，没放在心上。下班时，坐在王丽身边的李师傅见她还没完成任务，就跟她说：“小丽，你的任务要是碰到问题就找我，我有空。”王丽听了，笑眯眯地说：“谢谢李师傅，我自己的事儿哪能去麻烦您啊。您快回家吧！”李师傅欲言又止，但还是收拾东西下班了。

第二天早上，王丽果然没能完成任务，拖慢了项目进度，受到了领导的批评。办公室也失去了往日的热闹。李师傅叹了口气对王丽说：“昨天就想跟你说，这可不是个人的事。”

**越干越有劲了**

陈素是一名班干部，平时比较积极，成绩中等，实习的时候去了一家在建企业。

当她的班主任去企业走访的时候，陈素热情地邀请他去参观。虽然生产线还在建设中，但陈素似乎已经对企业了如指掌，像正式员工一样带着班主任参观了整条生产线，具体介绍了即将投产的车间以及厂里的最新工艺，言谈举止中流露出一股劳动者的自信与自豪。班主任夸奖她：“状态很好嘛。”她不好意思地笑道：不瞒您说，越干越有劲了！

岗位实习是我们正式开始工作的前奏，也是我们学习生涯中最接近未来职业劳动的实践活动。通过岗位实习，我们的知识储备、技能储备、综合素养都能得到一次系统、全面的检验和提升。更重要的是，岗位实习还是我们培养自己工作责任感、提升职业认同感的绝佳机会。也正是因为拥有了独立承担工作任务的机会，所以才会有选择“负责”与“不负责”的可能。

工作中的许多“责任”，虽然分配给个人完成，但本质上具有共同责任的性质。如果对共同责任缺乏深刻理解，就容易发生“搭便车”的现象，也很容易出现责任的互相推诿。相反，如果每个人都能在岗位实习中各尽其责，并关心团队和组织，积极将自己的工作与集体的工作联系起来，真正以主人翁姿态投入到实习的每项工作中去，就能“越干越有劲”，不断强化职业的认同感，进而提升职业的幸福感。

## 三、手有余香的志愿服务

志愿者帮农民工购票

志愿服务岗

赠人玫瑰，手有余香。除了岗位实习，志愿服务也是我们日常开展社会实践的主要形式之一，更是我们服务社会、锻炼自己的重要途径。

志愿服务是指为改善社会生活，促进社会进步，自愿付出个人的时间、知识、技能、体力而开展的不以营利为目的的服务工作。

冯进是智能制造学院的一名学生，他不喜欢自己的专业，一直抱着六十分万岁的心态盼着早日毕业。这天，他的室友兼班长非拉着他去做志愿者，给学校旁边社区的孤寡老人进行离线声控灯改造。

冯进本想着赶紧弄完回学校，但没想到遇上了麻烦。由于学业不精，他负责改造的那家，四盏灯只完成了两盏的改造，另外两盏总是不成功。冯进已是满头大汗，老奶奶腿脚不便，却一直给他端茶倒水，让冯进更加不好意思。他打电话给室友，说明遇到的困难，在室友的远程指导下，他一步一步完成了安装。老奶奶在试用之后，激动地握住冯进的手说："小伙子，太感谢你了！给我解决了大问题啊！晚上起来我再也不用担心摔跤了。耽误你这么长时间，得到了你这么多帮助，一定留下来吃个饭。"

冯进看着灯光下老奶奶脸上的笑容，心底突然涌起一股力量。他对老奶奶说："您别客气，我得到了更多。下次灯不好用了，记得再找我，我叫冯进！"

## 探究与思考

请你思考：冯进为什么会说“我得到了更多”，他得到的是什么？

除了一般意义上的志愿服务，“有一技之长”的我们还可以利用专业技能优势来开展具有专业技术含量的志愿服务。在这类志愿服务活动中，我们不仅能够应用自己的专业知识，提升自己的专业能力，更重要的是能够体现专业劳动的社会价值。冯进就亲眼见证了自己的专业技能为老人提供了方便。对他而言，老奶奶的肯定和感激是对他这次志愿服务的最佳奖赏，也会成为他未来专业学习的莫大鼓励。同时，有专业特色的志愿服务项目也常常是所在学校的一张名片。我们以专业技能服务社会的责任与担当，不只为自己赢得了掌声，还为自己的学校、专业甚至是未来的职业赢得了荣光。

## 拓展活动

### 职业生涯规划

根据你所了解的企业劳动的要求，结合学校的学习，为自己做一个 SWOT 分析，并结合分析结果为自己做一个简单的职业生涯规划。

| | |
|---|---|
| Strengths<br>（优势，如你的专业特长） | Weaknesses<br>（劣势，如不善交往） |
| Opportunities<br>（机会，如行业发展前景） | Threats<br>（威胁，如可能的职业变动） |

具体的职业生涯规划可围绕职业定位、目标设定、实现策略等方面展开。

# 第三课　一屋不扫何以扫天下

* 家务劳动也是劳动生活不可分割的一部分。
* 作为负责任的家庭成员，我们应该怎样参与力所能及的家务劳动？
* 你有过哪些家务劳动的美好体验？

## 一、家务劳动的责任

《朱子家训》开篇就提出家务是孩子每天要做的第一件事——“黎明即起，洒扫庭除，要内外整洁……”；《弟子规》也有内外整洁的标准——“房室清，墙壁净，几案洁，笔砚正”；等等。

现代社会，家务劳动仍然是家庭生活中不可或缺的一部分。作为被家人照顾的未成年人，我们是否应该做家务呢？

**材料一：**

在一档电视节目里，小付同学当着许多同学的面说出了憋在心里很久的话。

小付同学抱怨道：“妈妈以社会实践为借口逼迫我做家务。可我只是个十几岁的小孩啊！”看到他苦着脸诉说“悲惨”遭遇，台下的同学们都哈哈大笑。小付同学直截了当地向台下的妈妈提出请求——别再逼我做家务了，行吗？

**材料二：**

学校下发了家务劳动清单，让每个同学回家按照清单内容做家务，阿丽每次完成任务时都磨磨蹭蹭。爸爸想了一个办法，让她把清单上主要使自己受益的任务画出来。

阿丽拿起笔开始画圈：收拾自己的房间、清洗自己的书包、清洗自己的衣服、更换自己的床单被套、按季节整理自己的衣柜……她惊讶地发现，这么多任务的主要受益者都是自己，一眼望去，画圈的任务占据了清单的一大半，她一下子明白了爸爸的用意。从此以后，她再也不抱怨做家务了，因为她知道，好多任务可真不是爸爸妈妈的事儿。

**探究与思考**

1. 家务到底是谁的事？

2. 如果家务中有一部分本就是自己的事，还存在“妈妈逼我做家务”或者“我帮妈妈做家务”吗？

在家务劳动中，有一些是整个家庭的事务，有一些则是我们个人的事情，如洗自己的衣服、打扫自己的房间。在尚不具备相应的生活能力之前，父母当然可以帮助我们。但当我们已经长大、已经具备了这些生活能力之后，就应该自己的事情自己做了。即使父母有时候仍然会替我们做一些本应是由我们自己完成的事情，我们也不能将这种“代劳”视为理所当然。

**拓展阅读**

**“神童”肄业回家，谁之过**

小永，2 岁就掌握了 1 000 多个字，小学只上了两年，13 岁时考进重点大学，17 岁时便考上了研究生。这样的履历，曾经让许多人叹服：这孩子真是前途无量！但 3 年之后，小永却被学校劝退了，理由是生活不能自理，不适应研究生的学习生活。

20 岁的年轻人怎么会生活不能自理？原来小时候，小永的母亲在发现了他的天资之后，便让他一门心思只读书，什么都不用管，衣来伸手、饭来张口，导致小永渐渐离不开妈妈了。13 岁考入大学后，妈妈又去陪读了 4 年，并且仍然不让他做任何家务，只是让他好好念书，准备考研究生。但考上研究生后，妈妈便不能再跟在身边了。离开妈妈的小永无法自己安排生活和学习：热了不知道脱衣服，大冬天不知道加衣服；房间不打扫，屋子里臭烘烘的，臭袜子脏衣服到处乱扔。他经常一个人窝在寝室里看书，却忘了还要参加考试和撰写毕业论文。最后，他有一门功课得了零分，而没写毕业论文也让他失去了获得硕士学位的机会。

在后来的采访中，小永的母亲说：在被劝退之后，我才意识到，不应该所有的事情都帮他做！我过去觉得他聪明，生活方面的事情也应该不成问题。我后悔了，但也只能慢慢让他从头再来……

家务劳动对于我们的意义，不仅是让我们有能力“自己的事情自己做”，还能帮助我们形成责任意识、劳动习惯。自立是一种能力，也是一种习惯、一种品格。这种能力、习惯与品格的养成与智商没有直接关系，而是需要依靠长期的劳动实践才能获得。“一屋不扫，何以扫天下？”在我们的家庭生活中，有许多地方可让我们施展聪明才智，我们也需要认真投入到家务劳动中。只有在家务实践中得到锻炼，我们才能更好地应对未来瞬息万变的社会生活和日益复杂的职业劳动，成为全面发展的人。

## 二、美妙的家务体验

**妈妈的味道**

母亲节期间，某网站组织了“你陪我长大，我陪你慢慢变老——妈妈的味道”主题活动，众多网友晒图分享了自己印象最深刻、最感人的“妈妈的味道”。

在王先生的记忆里，妈妈的味道就是那一个个绿色的小煎饼，软软糯糯，充满了青草的气息。那是他小时候最喜爱的美食。“那时候我还在安徽老家读小学，家离学校特别远，就算天气好的时候，走路也起码要一个小时，天气糟糕的时候就得花更多的时间。所以，我每天早上天不亮就得从家里出发去学校。妈妈为了能够让我吃上一顿早餐，经常是半夜三点就起来做我最喜欢吃的小煎饼，然后包装好，放在我的书包里。”王先生说。

“妈妈的味道”凝聚着妈妈对我们的爱。我们在家务劳动中感受到家庭的温暖，常常是因为家庭中有人为我们无私付出。家庭生活中，总有一些活动不属于“自己的事情自己做”的范畴，比如，为全家人做饭。如果从理性的角度来看，家庭成员轮流做饭当然是一种解决方案。但是为什么我们常常看到家中总有一个“主厨”愿意付出自己的时间和精力来为全家人准备一顿又一顿美味佳肴呢？因为家务劳动也是我们向家人表达爱的重要方式。正是这种饱含爱的付出，成就了家庭的温馨与幸福。

拓展阅读

今天是阿峰最喜欢的日子：五一劳动节。他喜欢这天不是因为可以放假，而是因为可以全家人一起劳动。阿峰家有个不成文的约定，劳动节这天就是家庭大扫除的日子。阿峰的爸爸妈妈很忙，平时即使在家，也经常是打电话、忙工作。但家庭大扫除这天，每个人都放下手头的活儿，完全投入到劳动中来。劳动的时候，全家人还会一起聊天。妈妈一边擦桌子一边跟奶奶聊些家长里短，奶奶说得兴高采烈，妈妈也笑弯了腰。爷爷走过来，跟爸爸夸起阿峰：“这孩子现在都能够到书架最高的一层了，你看他把书架擦得多干净！”阿峰打心底里觉得这就是最美好的家庭时光。

帮妈妈洗碗，同爸爸一起修自行车，与家人一起做顿饭，和兄弟姐妹一起浇花、扫地、拖地……无数家务劳动的场景串联起我们对家最温馨的记忆。家务劳动虽然琐碎、平凡，但是我们总是在家务劳动中不断感受着家庭的温暖，体味着生活的美好，也见证着自己的进步与成长。

## 拓展活动

### 家务劳动我能行

家务劳动千头万绪。家人总是为我们奉献很多，我们也应该努力为家庭生活做出贡献。根据实际情况，完成下列表格。

1. 在你的家庭里都有哪些家务劳动？都是谁在做？

2. 你承担过哪些家务劳动？你还能做哪些家务劳动？

<table>
<tr><th>家务劳动清单</th><th>家务劳动“执行者”</th><th>承担的家务劳动</th></tr>
<tr><td rowspan="3">1.<br>2.<br>3.<br>4.<br>5.<br>6.<br>7.<br>8.<br>9.</td><td>家人____________</td><td>1.<br>2.<br>3.</td></tr>
<tr><td>家人____________</td><td>1.<br>2.<br>3.</td></tr>
<tr><td>我自己</td><td>1.<br>2.<br>3.<br>我还能做这些家务劳动：<br>1.<br>2.</td></tr>
</table>

# 第四课　业无高卑志当坚

* 劳动的过程是一个既有辛勤耕耘又有甜美果实的过程。
* 劳动能够帮助我们实现个人价值和社会价值。
* 生逢盛世，我们应该努力用专业为世界添光明。

## 一、“吃苦”的幸福

在没有迈入社会成为真正的劳动者之前，我们对于劳动世界的想象常常是基于日常观察，而这种观察很可能出现偏差。比如，我们目睹许多普通劳动者的辛苦日常，偶尔还能听到他们的抱怨，却难有机会了解劳动给他们带来的幸福感。我们羡慕那些成功人士光鲜亮丽的闪耀时刻，却难有机会看到他们勤恳奋进的劳动过程。

**奥运冠军孙颖莎：追逐梦想挺幸福的**

在2024年巴黎奥运会上，中国国家乒乓球队员孙颖莎获得了乒乓球项目的混双金牌、女团金牌、女单银牌，其中混双金牌乃是中国乒乓球队首枚混双金牌。赛后，记者专访了她。

记者：今年巴黎奥运会你参加了三个项目，每个项目都得练习，你这一天要多练出多少时间呢？

孙颖莎：就是平时比一般人早起一个多小时，别人七点半出早操，我是六点半开始练。然后晚上正常是九点结束，我自己会再加练三四十分钟，然后回去洗澡、治疗、睡觉。我要早点睡觉，因为第二天要早起。每天基本就是按照这个时间表循环。

记者：大家觉得你是天才运动员，你的技能不在别人之下，为什么还要比别人多付出时间呢？

孙颖莎：算不上天才，可能有点儿天赋。但是我觉得真要打到顶尖，肯定是靠努力加天赋的，努力肯定是第一位的。

记者：大家已经很累了，你们的时间表已经很满了，为什么你还要早上加练，晚上加练，再“压榨”自己？

孙颖莎：因为你想成为比一般人更优秀的人，不就是得这样嘛。但我感觉人一直在追逐自己梦想的时候其实挺幸福的。

辛勤劳动是美好生活的重要组成部分。很多时候，不是我们要“自讨苦吃”，而是因为工作本身就是一个既有辛勤耕耘又有甜美收获的过程。我们不能只想尝工作的甜，却不想吃工作的苦。

**不一样的累**

小坤的妈妈是一名会计，爸爸是一名理发师。两人每天早出晚归，回到家时都是一脸疲惫。不同的是，妈妈每次回来都充满怨气，经常在饭桌上抱怨工作的辛苦与烦恼。但爸爸似乎从来没有提过工作中的难处。相反，他经常说起的是顾客在店里剪完头发后反馈的好评，说的时候满脸骄傲。

一天，妈妈在饭桌上提到领导希望她去参加培训，考一个更高级别的证书。但妈妈说：“太累了！我们这里人手少，如果我去参加培训，平时该做的事情一件都不会少，会把自己累死。我不去！”爸爸在一旁劝她：“再考虑一下啊。你看我之前花钱去学最新的理发技术，回来之后店里生意就更好了！好多客人做了新发型后又介绍了新客人来。”妈妈白了爸爸一眼，不高兴地说道：“我的情况哪能跟你一样啊！你去学习新技术，是自我增值，回来就能赚更多的钱。而我上班就是混口饭吃。考证回来，单位既不会给我涨工资，又不会给我升职。我为什么要受这个累啊！”爸爸撇撇嘴说：“我去学技术，也不全是为了挣钱，我自己也很开心啊！这不仅是技术，更是我吃饭的手艺！”

探究与思考

为什么小坤的爸爸妈妈工作都很累，却对累有不一样的态度？“混口饭吃”和“吃饭的手艺”，这两种表达分别传递出什么样的信息？

劳动满足生存需要固然重要，但并不意味着谋生的职业一定不能给人带来幸福体验。对于工作中的辛苦，并不是所有人都表现出厌烦、痛苦，也有人表现出由衷的愉悦和享受。任何一份工作，都可以高高兴兴地做，也可以愁眉苦脸地做。没有卑微的工作，只有卑微的工作态度。而工作态度的选择完全取决于自己。

现实中，还有一部分人是因为家庭财富的积累而获得了不参与劳动也不会饿肚子的可能。他们是否可以心安理得地偷懒呢？

**不做“米虫”的小萱**

小萱，22岁。在别人眼里，她是含着金钥匙出生的“娇娇女”。原本可以享受愉快大学生活的她，在得知湘西一个山村小学急需支教老师的消息后，便毅然前往大山深处。

支教生活远比她想象的困难。小萱介绍说：“有一段时间，我很彷徨——我来这里这么辛苦，究竟是为了什么？”

但这一切的纠结，在面对孩子们淳朴和渴望的眼神后，就烟消云散了。小萱说，她最喜欢教学生背《三字经》，背完后便一句一句解释给他们听。“有一次，一个调皮的男生欺负同桌女生，我让他起来罚站。站了一小会儿后，我问他知不知道为什么要罚他，他回答‘幼不学，老何为’。那一瞬间，我眼泪都快下来了。我教的东西对他们有用，就算在这里再怎么苦都值了。”就这样，这个城里来的“娇娇女”坚持了整个学期，直到要回校完成毕业论文时才返程。

探究与思考

为什么拥有“偷懒资本”的小萱，却偏要“自讨苦吃”？她的“自讨苦吃”给她带来了什么样的收获？

小萱虽然在支教过程中吃了很多苦头，但是当她看到学生们将她教的东西记在心里，自己的辛勤劳动有所回报时，她一定感到非常幸福。这种幸福，显然只有劳动者才能体会。我们参与劳动，并不仅仅是为了维持正常生活，更重要的是为了实现自己的人生价值，拥有一个更为幸福的人生。物质财富可能让我们衣食无忧，但躺在物质财富上虚度时日，绝不会给我们带来那种经过奋斗而收获的成就感、幸福感。

美国心理学家马斯洛提出需求层次理论。他将人的需求从低到高依次划分为生理需求、安全需求、社会需求、尊重需求和自我实现需求五种需求。他认为，当一个人满足了较低的需求之后，注意力才能慢慢转向较高级的需求。在物质丰裕的今天，许多人参与劳动的动机已经从生理需求、安全需求转向更高级的社会需求、尊重需求和自我实现需求。

马斯洛需求层次理论

综上所述，我们不能止步于劳动的生计价值，而是应该思考这份工作如何能够成就一个更好的自我。也就是说，每一个劳动者都应该有自己的职业理想。职业理想就像指引方向的明灯，在我们迷茫犹疑的时候，它能照亮前途，助力我们实现自我价值。职业理想是提供动力的源泉，当我们疲惫不堪的时候，它能唤醒职业热情，激励我们攀登新的高峰。当然，在实现理想的道路上，我们可能遇到各种各样的困难，“志之难也，不在胜人，在自胜”，我们也许会稍有懈怠，也许会痛苦难挨，但只要不放弃理想，就一定能够通过自己的双手创造最美好的人生！

### 丑陋的根茎

有一天，地下的细流遇到了一株根茎，他生气地说：“根茎啊根茎，我从来没有见过你这么丑的东西。我刚一碰上你，水分就被你喝掉了一半。丑八怪，你说你成天都在干些什么事！”

根茎不急不慢地回答：“细流兄弟，我长得可能确实不好看。长期与泥土接触，让我浑身是灰；过度劳累，也使我身体变形。但我是无私、勤劳、快乐的啊，我辛勤劳动是在替我地面上的延伸部分干活呢。我从你那里吸取的汁液，也是输送给它的，这样它才能新鲜娇艳。细流兄弟，总有一天，你会到太阳照耀的地方。那时候，你就能看到我在阳光下的那部分是多么美丽！”

细流并不相信，所以当他来到地上，干的第一件事就是去寻找根茎所说的延伸部分。天啊，他看到了什么呀。在根茎出土的位置长着一株玫瑰。远远望过去，一朵朵玫瑰花，红似火，艳如霞，好看极了。

细流惊叹道："想不到丑陋的根茎竟然延伸出了美丽！"

**探究与思考**

当细流不尊重根茎的工作时，根茎是怎么做的？如果在现实生活中，有人不尊重我们的职业，我们应该如何坚定自己的理想？

## 二、用专业为世界添光明

劳动是实现个人价值与社会价值统一的最主要途径。我们的劳动不仅可以满足个体的生存需求、尊重需求、自我实现需求等，而且对于社会发展来说意义重大。正是我们每一个劳动者的点滴付出铸就了当前社会主义事业的繁荣图景。在我们用劳动实现自己人生梦想的同时，我们也在创造社会价值，从而成就更有意义的人生。

**探究与思考**

请查阅相关资料并结合自己的理解，完成下列表格。

| 职业 | 职业的社会价值 |
| --- | --- |
| 养老护理员 | 示例：中国老龄化进程仍在加速，养老护理员帮助许多家庭分担了辛苦，提升了老年人的生活质量，也在一定程度上促进了家庭和谐与社会稳定 |
| 焊工 | 示例：尽快完成本市地铁站项目中的焊接工作，能够让广大市民早日坐上安全、便捷的地铁 |
| 电工 | |
| 你可能从事的职业 | |

改革开放以来，在全国人民的努力奋斗之下，国家各项事业都取得了举世瞩目的进步，我国经济社会发展水平明显提高，但与发达国家相比，我国生产力发展在总体上依然处于中等水平，我们还需要继续努力、不懈奋斗。当前，我们正处在以中国式现代化全面推进强国建设、实现民族复兴伟业的关键时期，每一个人都将是新时代的见证者、开创者、建设者。

## 拓展阅读

**材料一：非同小可的制造业**

制造业是实体经济的主体，是一个国家实现现代化和成为经济强国的基础。制造业可以为国民经济持续健康发展提供坚实而全面的支持。综观世界经济发展历程，经济大国和经济强国，无一不是大力发展制造业。进入后工业化时期，一些国家的制造业在国内生产总值中的比重下降较快，产业空心化问题凸显。近年来这些国家开始重视并试图解决这一问题，加大力度吸引制造业回流本土。而另一些国家的制造业产值在国内生产总值中的比重长期稳定在 20% 以上，制造业是它们参与国际竞争的优势。

**材料二：一名普通工人的自白——我负责“国家重点工程”**

我是一名普通工人。我曾经觉得振兴工业、报效祖国这样宏大的目标离我很远。让我深受触动的是一次采访。采访中我国一位知名机械制造企业负责人说，中国在高精尖制造领域存在短板，有些产品仅仅解决了能否生产的问题，未能触及高质量生产的核心。解决制造业的质量难题，日本用了十年时间，韩国用了二十年时间，中国要用多少年？面对这样的提问，我当时便有了紧迫感，因为我也是这个问题的答卷人啊。

从那时起我就有了这样的想法：实际上，我们每个普通工人都肩负着“国家重点工程”——这个工程就是高质量生产的工程。我们早一天完成这项工程，我们就能在全球竞争、贡献社会的事业中快走一步！

**材料三：高铁焊接大师李万君**

1987 年，19 岁的李万君来到长春客车厂焊接车间。焊枪喷射着烈焰，车间火星四溅，声音刺耳，味道呛鼻。环境虽然艰苦，但李万君不怕吃苦，抓紧时间学习，于入职第二年获得了全车间焊接冠军，逐渐成为业务骨干。

为了实现高铁的技术突围，李万君在模型上反复演练，终于交出了合格的样品，经外方专家超声波检测和射线探伤检查，焊缝完美无缺。李万君还总结出环口焊接七步操作法，成为令外国专家十分惊讶的绝活。从业30多年间，李万君总结并制定了几十种转向架焊接规范及操作方法，完成技术攻关150多项，其中取得国家专利60项，填补了多项国内空白。

为了适应中国高铁提速的需要，李万君主动请缨，传技能、教绝活，培养出大批的专业技术人才。李万君认为，中国高铁要走出去，需要千千万万个高技能人才。李万君培训焊工2万多人次，创造了数百名新工人提前半年全部考取国际焊工资质证书的培训奇迹，培养带动了一批技艺精湛、职业操守优良的技能人才，为打造大国工匠储备了坚实的新生力量。

近年来，我国技能人才总量超过2亿人，高技能人才超过6 000万人，他们活跃在工厂车间和技术攻关一线，成为推动新经济发展和新动能培育的重要力量。国家对技能人才培养和发展给予了高度重视，技能成才、技能报国之路必将越走越开阔。“业无高卑志当坚”，掌握一技之长一定可以汇聚成一股强国力量。只要我们不断磨炼技能、不断钻研技术，并立志“以专业为世界添光明”，我们的人生和共和国的发展都将迎来更加美好的未来！

## 拓展活动

随着我国经济和技术实力的迅速增强，由中国主导的技术援助项目越来越多。我们不仅可以技能报国，还可以技能“出海”。请查找资料，并完成下列表格。

| 技术援助项目 | 参与该项目的主要技能人员 |
| --- | --- |
| 援马尔代夫中马友谊大桥后续维保技术援助项目 | 桥梁结构工、混凝土工、电工、安全员等 |
| | |
| | |

主题实践活动

# 隐形的账单与主动的回报

## 一、活动主题

隐形的账单与主动的回报。

## 二、活动宗旨

通过本次活动，进一步理解“用专业为世界添光明”不仅是一种“奉献”行为，还是我们每个人对社会“供养”的主动回报。

## 三、活动时间

1 周。

## 四、活动主体

全班同学。

## 五、活动实施

1. 把班级成员分成若干小组，以小组为单位阅读以下两则材料，并一起讨论阅读体会。

材料一：

妈妈的账单

小龙受经商的父亲影响，从小就很有经济头脑。有一天，他忽然想出一个主意：开一张账单给妈妈，索取他每天帮妈妈做事的报酬，上面写着：“母亲欠她的儿子小龙如下款项：取快递，20 元；帮忙在厨房干活，10 元；帮忙打扫客厅，20 元；小龙一直是个听话的好孩子，10 元；共计 60 元。”

小龙的母亲在餐桌上看到了这份账单，什么话也没有说。晚上，小龙在他的餐桌边找到了他想要的报酬。正当小龙要把这笔钱放进自己的口袋里时，突然发现旁边还放着一份给他的账单：“小龙欠他的母亲如下款项：在家里过的十年幸福生活，0 元；十年中的吃喝，0 元；生病时的护理，0 元；一直有一个慈爱的母亲，0 元；共计 0 元。”

小龙读着读着，感到羞愧万分。过了一会儿，他蹑手蹑脚地走近母亲，将小脸蛋藏进了妈妈的怀里，小心翼翼地把那60元塞进了她的上衣口袋。

材料二：

根据《2023年全国教育经费执行情况统计快报》显示，2023年，全国幼儿园、普通小学、普通初中的生均教育经费总支出情况是：

1. 全国幼儿园为16 243元。

2. 全国普通小学为15 895元。

3. 全国普通初中为22 054元。

根据材料二中的数据，算一算，培养一名初中毕业生，国家要花多少钱？

2. 小组成员分工开展家庭采访或者社会调查，填写下表。

| 项目 | 账单细目<br>（它为我的成长提供了哪些支持？） | 回报细目<br>（我能用哪些自己的行动来“回报”它呢？） |
|---|---|---|
| 国家 | | |
| 家庭 | | |
| 亲友 | | |
| 历史 | （比如，你所掌握的某项技术并非你的创造，其创始人也未必是当代人） | |
| | | |
| | | |

3. 各小组代表上台完成表格展示。

4. 根据所有小组的展示，全班同学一同讨论：国家和社会要培养一名合格的劳动者，有哪些方面的主要支出，并总结我们回报国家和社会的可能方式。